邪馬台国・うきは市説考察

—うきは市の古代史—

松下愛・福島雅彦・大矢野栄次　著

五絃舎

目　　次

第1章　うきは市の古代史を読むために

はじめに

　福岡県うきは市において，2020年以来発掘調査中の西ノ城古墳[1]が，円形墳丘の両端に方形墳丘が付いた「双方中円墳」とみられることが分かった。

　本書においては，この西ノ城古墳が「双方中円墳」であることと日本の西暦267〜412年までの「空白の150年」の古代史との関係から説明しようというものである。

　本書の題名は「邪馬台国・うきは市説考察」である。うきは市の古代史とは，うきは市新川の姫治を中心とした地域が邪馬台国の中心地であり，神話「高天原」の舞台である。そして，その邪馬台国後のうきは市に神武天皇が東征によって登場したという議論が展開される。

　本書の目的は，以下の2人の研究の成果発表である。それは，福島正彦氏の長年の研究である「邪馬台国はうきは市」だという説と「この邪馬台国が高天原の神話の舞台である」という説明である。そして，大矢野栄次氏の「九州王朝論」の神武東征の舞台はこのうきは市の姫治を中心とした地域に対する攻防戦の跡がうきは市浮羽町の加茂神社の南側に位置する3つの坂「女坂」・「墨坂」・「男坂」によって説明できるというものである。

　この2人の研究の成果を理解するのに貢献するのが，西ノ城古墳の発

1　場所の性質上，中世の城郭と古墳時代の遺跡との混同に注意しなければならない。

見なのである。他の地域の双方中円墳の形状や環境から説明される敗者の墳墓としての双方中円墳がこのうきは市から見つかったことを転機として福島説と大矢野説が一般に受け入れられることを願って，出版するものである。

第1節　古代史の歴史的順序に関する理解

日本の古代史研究において，今日の一般常識的な歴史的事象の時代順序は，以下のようであると考えられている。

神武天皇（紀元前660年2月11日）

徐福来日（紀元前3世紀頃）

邪馬台国卑弥呼（～247 or 248年）

神功皇后（卑弥呼と同時代人説？の可能性がある。）

しかし，このような歴史的な順序の説明に違和感がある。それは，歴代天皇が100歳以上と長寿でありすぎること。また，日本の古代史において歴史上の人物であるはずの徐福や卑弥呼の名が『日本書紀』や『古事記』に登場しないことである。

このことは，韓半島や中国大陸と倭国の関係に歴史的な整合性が無いことを意味していることになるのである。

1.　二倍歴の問題

『魏略』の『三国志』「東夷伝倭人条」に引く逸文では[2]，「倭」について，「其俗不知正歳四節但計春耕秋収爲年紀」（「その俗，正歳四節を知らず。ただ春耕秋収を計って年紀と為す」）とある。

「春の耕作と秋の収穫を1サイクルとして半年を一年として数えていた

2　（裴松之）注

という」意味で理解できる[3]。

　古田武彦氏の「二倍歴」の考え方である。この考え方を採用すると，歴代天皇の歳はおおよそ半分として数えればよいということになるのである。

　歴代天皇の歳をこの「春秋二倍歴」[4]として計算するならば，以下のようになる。

初代神武天皇（127歳）	⇒	64歳
第2代綏靖天皇（84歳）	⇒	42歳
第5代孝昭天皇（114歳）	⇒	57歳
第6代孝安天皇（137歳）	⇒	69歳
第7代孝霊天皇（128歳）	⇒	64歳
第8代孝元天皇（116歳）	⇒	58歳
第10代崇神天皇（119歳）	⇒	60歳
第11代垂仁天皇（139歳）	⇒	70歳
第12代景行天皇（143歳）	⇒	72歳
第13代成務天皇（107歳）	⇒	54歳
第15代応神天皇（111歳）	⇒	56歳
第16代仁徳天皇（143歳）	⇒	72歳
第26代継体天皇（82歳）	⇒	41歳

　以上のように考えると，歴代天皇の歳は現実的な寿命として理解できるのである。

　この春秋二倍歴が成立する背景として，二期作が可能であることが前提となる。すなわち，二期作が困難と考えられる近畿説では困難な議論になるのであ

3　一方でこの記述は「春に耕し秋に収穫するのを一年と大ざっぱに考えている」と述べているだけで，この記述をもって史書に記された年数を勝手に二倍に解釈するのは無理があるという意見もある。

4　古代の日本社会においては，春から夏までの半年間と，秋から冬までの半年をそれぞれ1年と数えていたとする説。

る。このことが，古田武彦氏の「九州王朝論」の背景にあることは重要である。

2. 徐福と二葉葵・八咫烏

　縄文時代から弥生時代への移行期の紀元前 3 世紀頃，徐福は日本に来たと考えられている[5]。

　この時代の日本全土の人口は，McEvedy & Jones によると，10 万人〜 20 万人程度である。徐福達一行は，対馬海流に乗って有明海に入り，佐賀平野に上陸したと考えられるが，一部の人たちは，黒潮に乗って和歌山の方に流されている[6]。（表 1.1 参照）

表 1.1　日本の人口推計から考える邪馬台国と倭国のイメージ

神武天皇の時代の日本の人口は 3 万人〜 10 万人 ?

	社会工学研究所	McEvery& Jones	鬼頭宏	Biraben	Farris
西暦	1974 年	1978 年	1996 年	1993–2005 年	2006–2009 年
紀元前 400 年	神武天皇はこれ以前	30,000		100,000	
300 年				150,000	
200 年	徐福の時代	100,000		200,000	
元年		300,000		300,000	
200 年		700,000	594,900	500,000	
300 年	邪馬台国の時代			600,000	
400 年		1,500,000		1,500,000	
500 年				2,000,000	
600 年		3,000,000		4,000,000	
700 年	5,230,000			5,000,000	
725 年			4,512,200		
730 年	徐福の時代の日本の人口は 10 万人〜 20 万人				

5　徐福は，中国の秦朝（紀元前 3 世紀頃）の方士である。斉国の琅邪郡（山東省臨沂市）出身，紀元前 255 年生まれと伝わっている。

6　和歌山県南部の新宮市では，「徐福は 3,000 人の童男童女を連れ渡来し，この地に自生する「天台烏薬」を発見しました。しかし気候温暖，風光明媚なこの土地に魅かれ，ついに永住の地と定め，農耕・漁法・捕鯨などの技術を伝えた」との説明がある。

　司馬遷『史記』巻百十八「淮南衡山列伝」において, 徐福は秦始皇帝に, 「東方の三神山に長生不老（不老不死）の霊薬がある」と具申し, 始皇帝の命を受け, 3,000 人の童男童女と百工（多くの技術者）を従え, 五穀の種を持って, 東方に船出し,「平原広沢（広い平野と湿地）」を得て, 王となり戻らなかった」との記述がある。

　この 10 万人〜 20 万人程度の人口規模の古代日本に 3,000 人の若い男女を連れて約 1 万人程度の徐福達一行が来日し,「平原広沢（広い平野と湿地）」を得て, 王となり戻らなかった」のである [7]。いまの吉野ケ里を彷彿させる説明である。

≪徐福と邪馬台国≫

　『魏志倭人伝』による 30 余国分立の原因は, 徐福上陸後に実現した徐福国と交流した古代の日本の村々が彼らとの交流の結果として豊かな経済を構築して進展した過程において生じたそれ以外の地域の村々との間に生じた格差が原因であったと考えられる。

　これが, 徐福来日後の北部九州で起こった歴史的事実であるだろう。

　言葉と文化の交流と統合, そして一族の離散融合が繰り返された結果として, 紀元後の 3 世紀の邪馬台国内の分裂と統合の時代を迎え, 邪馬台国に女王卑弥呼が登場したのである。

　戦いは常に貧富の格差から生じる。卑弥呼亡きあと, 邪馬台国連合は再び乱れ, 壹代＝豊与が登場して再び邪馬台国連合が成立したのである。

≪徐福の来日と二葉葵・八咫烏≫

　この徐福の来日によって齎されたものが, 徐福が求めた不老不死の薬の

7　3,000 人の若い男女の面倒を見る両親や技術者・船乗り達を入れればそれ以上の数の集団移住であったと考えるべきである。

「二葉葵」と徐福達が大陸からもたらした太陽信仰の象徴としての「八咫烏」であったと考えられるのである。

　中国神話では，三足烏は太陽に棲むといわれる。陰陽五行説に基づき，二は陰で，三が陽であり，二本足より三本足の方が太陽を象徴するのに適しているとも，また，朝日，昼の光，夕日を表す足であるともいわれる。中国では前漢時代（紀元前3世紀）から三足烏が書物に登場し，王の墓からの出土品にも描かれている。

　この二葉葵と八咫烏が加茂神社の神紋であることは，徐福文化圏の人々が神武天皇の東征に参加していたことを表していると考えられるのである。

≪神武東征の時期≫

　定説のように神武東征を今日から2680年以上前の時代であるとするには，先に説明したように当時の日本全体の人口規模が10万人程度であることと，天皇の歳が二倍暦によって水増しされていることを考慮すると，無理であることが理解されるであろう。

　このように考えると，神武東征の時代は邪馬台国以後の時代であると考えるべきであるということになるのである。

3. 卑弥呼と神功皇后

　前節の説明が理解されたならば，そして邪馬台国以後が神武東征の時代であるならば，神功皇后と第14代仲哀天皇の時代は神武天皇よりも更に後の時代であることから，神功皇后が卑弥呼であることは無理であるということになるのである。

第2節　正しい古代史の順序

　以上の考察から，正しい日本の古代史の歴史的順序は以下のように考えるべきであるということになるのである。

　1. 徐福来日（紀元前3世紀頃）

　2. 邪馬台国卑弥呼（〜247 or 248年）

　3. 神武天皇（300年前後と置く）

　4. 神功皇后（卑弥呼と同時代人説は不自然）

本書はこのような議論を前提とした古代史観の上に成り立っているのである。

　すなわち，神武天皇の即位は，女王卑弥呼や壹台以後の邪馬台国崩壊期以後の時代になるのである。

第3節　本書「邪馬台国・うきは市説考察」

1.　第2章の「邪馬台国は高天原（1）」

　第2章の福島氏の説は，高天原はうきは市の姫治周辺域の山中であり，ここは邪馬台国の地であること，そして，この邪馬台国の説明が神話化されて「高天原伝説」となったことが説明されている。

2.　第3章の「邪馬台国は高天原（2）」

　第3章は，福島氏の分析手段としてのハングル語と古代倭語としての筑後弁との関係性と共通性についての分析例の紹介である。この分析を通して「高天原」神話が説明されるのである。

3. 第4章の「うきは市の双方中円墳」（西ノ城古墳）の意味

　第4章は，うきは市で見つかった双方中円墳である西ノ城古墳は，他の地域の双方中円墳の性質との関係から，神武東征の時に神武と戦って敗北した八十梟帥，磯城八十梟帥，赤銅八十梟帥，熊襲八十梟帥の軍団の主だったもの達を祀る古墳であり，西の城古墳の他に少なくとも3つの双方中円墳があるはずであるという説明である。

4. 第5章の「うきは市の加茂神社」

　第5章のうきは市の加茂神社では，うきは市浮羽町の加茂神社は日本最古の加茂神社であり，当社の行直大宮司が慶安4年（1651）に誌した旧記の「賀茂大神は最初にこの地に天降り鎮座され，神武天皇が日向から大和へ御東遷のみぎり，宇佐から山北へ来られ賀茂大神は八咫烏となって御東幸を助け奉られたので，今も神武天皇と賀茂大神を奉祀する」という文章から神武東征の最終地がこのうきは市であることが説明されていることになるのである。

5. 第6章の「邪馬台国と神武東征」

　第6章の邪馬台国と神武東征とは，神武東征における定説の中にある以下のような誤解について考察して，うきは市が神武東征の最終目的地であること，そして，その地が邪馬台国以後の地であったことを説明している。

　神武東征についての定説の誤りとは以下の3点である。

　⑴　神武東征の出発地日向とは宮崎のことではない。日向国は景行天皇以降に命名された地名であり，神武天皇の出発地は，糸島の日向（ひむか）である。

　⑵　神武東征に登場する宇佐とは現在の大分県の宇佐ではない。現在の

　　宇佐の地は，欽明天皇以降の命名の地であり，宇佐神宮との関係で名
　　づけられた地である，久留米の北野が神武天皇東征の折に一向が到達
　　した宇佐 (筑後川の両岸に宇佐と左佐) である。
⑶　神武東征の最終目的地大和は，奈良ではなく，小郡市や大刀洗町の
　　花立山 (畝傍山) を中心とした神武天皇が支配した一帯の地である。

おわりに

　以上の説明からも理解されるように，うきは市の古代史とは，神話「高
天原」の舞台であり，それは邪馬台国の物語の派生としての神話であるこ
と，そして，この邪馬台国の後の時代に神武天皇が神武東征によってこの
地を支配して，西の小郡市・大刀洗町地域の花立山の南側に樫原宮を立て
日本国を建国したことが説明されるのである。

　この神武東征の結果として神武天皇と戦って敗れた八十梟帥，磯城八十
梟帥，赤銅八十梟帥，熊襲八十梟帥の軍団の主だったもの達の古墳が，今
回の西ノ城古墳という双方中円墳の発見によって議論されるのである。

　うきは市の周辺域には，杷木町に「天の香具山」があり，筑前町と小郡
市の間には「畝傍山」(花立山)，「耳成山 (耳納)」があり，西には吉野があ
ること，そして，小郡市には「飛鳥宮跡 (下高橋遺跡)」があることが，そ
の証拠であると考えられるのである。

第2章　邪馬台国は高天原（1）

はじめに

なぜ「邪馬臺國」の所在地が長きに亘って謎であり続けるのか？

古今の先哲らの着想・着眼が間違っているからである，と断定せざるを得ない。

頭脳明晰な筈の文系の人々が陥っている盲点が三点ある。その一は，中国正史に記載の「倭語」音写（当て字）漢字を時の日本語の発音で読んだ事である。その二は，漢文が読めているとの過剰な自負にある。文字面に書いてあるとか書いてないとかが論点になっている。行間と文脈で直接文言に拠らない言い回しが読み取れていない。その三は，『古事記』『日本書紀』の解読について，文面解読に終始している点である。

中国正史と違って，時の為政者の発起であれば，不都合は隠蔽し，他人の好事は簒奪し，捏造はしたい放題である点を見極めていない。

私は古代史の問題を解明するために生まれてきた様な生い立ちを持っている。植民地時代の台湾で生まれ，終戦で父の故郷の旧・「浮羽郡」に引き揚げてきた。

即，小学一年生で一クラス五十名の二クラス。級友たちは全員が幼なじみ，筑後弁でワイワイガヤガヤ。その中に在って，標準語しか知らない私には一言半句も通じない。当然ながら級友からは無視，上級生からは壮絶

なイジメに。筑後弁とのバイリンガルになるのは命懸けであった。

　長じて，中学生のころ鉱石ラジオの組み立てセットを組み立てた。周波数を探っていて最初に聞こえたのは外国語。後に釜山放送局の「朝鮮語」と知ったが，命懸けで習得した「筑後弁」にイントネーションが似ていた。

　更に長じて，福岡県立浮羽工業高等学校の建築科を優秀な成績で卒業。建築工事畑に就職。バリバリの理系。イザナギ景気，岩戸景気，神武景気，先のオリンピック景気と業界は請けに入り残業・徹夜の連続。盆と正月以外に休み無し。そんな中に在って，幾度かの「邪馬台国」ブーム。頭が枕に着いている時だけが自分の身体という中に在って，「邪馬台国」の著書を片端から寸暇を裂いて，本屋での立ち読み。前書き・後書き・目次の斜め読み。購入した本は枕代わり。そしてどの著作も私を納得させてはくれなかった。考古学の著書は全て仮定である，と看破。文献派の著作は，「倭語」の読みが問題ではないか，と気づいた。

　病膏肓に到り，自分が著作するしかない，と決意。この「倭語」に「古代倭語（方言と朝鮮語に片鱗を留める）」と命名。方言とは「筑後弁」である。『後漢書』で倭の使者の出発地は「倭國の極南界也」と述べている。『三国志（魏志倭人伝）』では女王「卑彌呼」は南を狗奴國に接する「邪馬壹國」に居る，と。故に倭人の使者の弁は「筑後弁」。朝鮮半島の通訳と「訳を重ねて朝貢」とは，「倭語」が通じるとも取れる。これは，何処にも直接文言では書かれていない。行間と文脈からしか読み取れない。理系の「直観と閃きと屁理屈」の産物である。

第1節　邪馬台国の実態は…

　既存の「邪馬臺國」諸論説の全てが間違っている，と観る。

　学説・定説の類を列挙，「…ではナイ！」と否定し，対極の自説を開陳する。

　所謂「邪馬臺國」と「所謂」を付けているのは，世間一般や著名学者らが「やまたいこく」と読んでいるが，私はそうは読まない，との意味である。

　その所在地を明確にするには，下記の中国正史三篇の検討で事足りる。（以下，「所謂」を省略する）

　　1．『後漢書』，2．『三国志（魏志倭人伝）』，3．『隋書』。

　≪現代語訳≫岩波文庫　新訂『魏志倭人伝・後漢書倭伝・宋書倭国伝・隋書倭国伝』―中国正史日本伝（1）―石原道博編訳，を参照。

1．『後漢書「倭伝」』の記述から…

（1）「倭在韓東南大海中…」＝倭は列島のみに在るのではナイ！

　＊「倭伝」の前項『後漢書「韓傳」』に述べた「倭」の記述の重複を避けている。

　・曰く「弁辰在辰韓之南，亦十有二國，其南亦與倭接」＝「弁辰は，辰韓の南に在って十有二國，その南は亦倭に接す」，と地続きに「倭」は在ると述べている。

（2）「邪馬臺國」は誤字・誤記・誤写ではナイ！

　定説は陳壽の『三国志（魏志倭人伝）』を范曄が丸写している，とするが…。そうであれば『三国志（魏志倭人伝）』の記述の「邪馬壹國」となる筈である。

　　＊「やまたい國」とは読めナイ！中国正史の書記官の認識は「臺」＝"t-ai"の一音節。「倭人」は"-ai"の二重母音を「え」と発音していた節がある。魚の「鯛」は「てぇ」，「愛媛県」は「ゑひめけん」となる。九州弁の「山てェ」＝「山ですヨ！」と強調の語尾の音写が浮上する。

　　・「山」が「やま」なのは，「天（ぁま・ぁめ）」の意の筑後弁訛り。＜30頁＞
　　　卑彌呼の居所説明文言の一部を国名と勘違いしているのである。

「卑彌呼」の居所を問われて「天（ぁま・ぁめ）てェ」と言ったのが，「や
まてェ」と聴き取られて「邪馬臺國」と記述。「天（ぁま・ぁめ）」＝「高
天原」の意（後述）である。

・「大倭王居邪馬臺國」＝大倭王は「邪馬臺國」に居すとは＝伝聞である。
郡使（魏使）が現地に到って居れば，具体的な表現が為される筈である。

（3）「卑彌呼」は固有名詞ではナイ！

＊ "힘"（him）尊（みこと）＝最高位の尊の意の職掌名。何人も何代も
襲名出来る。

「尊（みこと）」とは稲作を仕切る「水事・米事」の意か。

① 「ひん投げる」＝（相撲などで圧倒的力量差で相手を）投げ飛ばす，事。

② 「ひ（ン）の叫（おら）び」＝この上もない大音声で叫ぶ，こと。

③ 「ひんだれた」＝この上もなく疲労困憊した。以上は九州弁の "힘"。

・ "힘"（him）＝「力（ちから，りき），筋肉の働き，体力，物理上の力，働き，
力量，能力，知るか覚ることのできる才能，勢力や権力，精力，元気」
『民衆書林・韓日辞典』，とたった一音節の語彙にこれだけの意味があ
る。「倭語」借用だからか，と疑う。初代「卑彌呼」は倭の女王とあ
り，女性であるが本来性別は問わなくても良いことになる（「天照大神」
も同義）。神話に歴代「卑彌呼」が登場か（34〜35頁）。

＊固有名詞でない証拠＝『三国志（魏志倭人伝）』の記述が証明している。

・「倭國乱相攻伐歴年乃共立一女子為王名曰卑彌呼」とは，「卑彌呼」が
固有名詞であれば「一女子」は蛇足の駄文である。本名が判らない時
にしか「一女子」は使わない！

・「倭國乱歴年に亘って相攻伐「一女子を王と為し卑彌呼と謂わしむ」
である。

（4）倭王「帥升」は「すいしょう」ではナイ！

＊中国書記官の認識＝"Shuài shēng" である。「古代倭語（方言と朝鮮語に片鱗を留める）」の " 쇠상 "（soe-sang）＝鉄・上＝製鉄王＝素（ス）盞（サン）（鳴尊）の音写である。素盞鳴尊が『後漢書』に倭王として登場している！

（5）倭王「帥升」が中国の皇帝に献上した「生口」百六十人は,奴隷ではナイ！

＊奴隷を船旅で列島から対馬海峡を横断しての連行は，物理的に不可能である。

・「素盞鳴尊」は高天原から追放され,新羅（編纂時の国名）の曽尸茂梨（製鉄の長）の処へ行ったとある（『日本書紀』）。

＊「曽尸茂梨」は地名ではナイ！

・曽尸茂梨 " 쇠씨 ‑ 머리 "（soe-ssi-mori）＝製鉄の頭（かしら）＝「素盞鳴尊」の配下。

・「國出鐵濊倭馬韓並 従 に製鉄」と,「倭」に就いて記述。（『後漢書「韓傳」』）

『三国志（弁辰伝）』にも，時代を超えて同様の記事がある。

「國出鐵韓濊倭皆従取之」＝国（韓の地）は鉄を産出，韓も濊も倭も之を 従 に取る，と。

故に,「生口」160人は半島「倭地」の製鉄技術者である。

(6)「大倭王居邪馬臺國楽浪郡徼去其國萬二千里去其西北界狗邪韓國七千餘里」

＝「拘邪韓國」からの残り「五千里」では畿内には届かナイ！

渡海に三千餘里,残りは二千里である。

（7）「金印」

　漢の光武帝は，建武中元二年に倭国の極南界から来た朝賀使人自称大夫に「印綬」を下賜。志賀島出土の「漢倭奴國王」である。学説・定説は「漢ノ倭ノ奴國王」とするが私は，与しない。

　『後漢書』には「奴國」単独記述は無く「奴國王」は存在しない。「倭奴國」とは，使人が自国の意を「我ン（の）国」と述べたのを国名と勘違いし，その音価に当て字。「國皆称王」とも記述している。国中の者皆が「王」"king"な筈がない。「我ン（の）國」と口々に筑後弁で述べているだけである。「我ン（の）國」の音価は"wang"である。

　倭人が「ナ國」と発音しても中国正史の書記官は「奴國」とは書かない。

２．『三国志「魏志倭人伝」』の記述から…

（1）「倭人在帯方東南大海之中…」＝倭人は列島のみに居るのではナイ！

　＊同じ史書の前項『三国志「韓伝」』で述べた，倭に関する記述の重複を避けている。

・曰く「韓は東西を海に限り南は倭に接す」と。半島の南部は倭の領域である，と説明されている。

・又，「國出鐵韓濊倭皆從取之」＝国は鉄を産出する，韓も濊も倭も 従に之を取る，と倭が半島の倭の領域で現地生産をしている。従って輸入しているのではナイ！ 前項の「素盞嗚尊」が行った曽尸茂梨（製鉄の長）が居る所である。

（2）「從郡至倭循海岸水行歴韓國乍南乍東到其北岸狗邪韓國七千餘里」とは

「七千餘里」全てか水行のみの表現ではナイ！

・方四千里の韓の海岸伝いに南下東進すれば狗邪韓國まで七千里に収まらない。

・「乍南乍東」が西岸を南下東進のジグザグとすれば，海岸に乗り上げてしまう。

・百歩譲って，西海岸に沿って南下し南岸を東進したら，狗邪韓國へ寄港するのは遠回りで無意味である。対馬海流に乗って壱岐直行が理に適っている。

『隋書』では，将に都斯麻國に寄らない航路である（後述）。

・『梁書』には「乍東乍南」の記述があり，陸路の行程の表現でしかありえない。

・元・宋の時代の交易船でさえも，半島西海岸の新安沖で沈没した記録がある。他にも莞島，道里浦，飛雁島沖の沈没船が知られている。

・後世の造船技術も航行方法も勝る，朝鮮通信使でさえも全十二回，全て陸行である。

・角川春樹氏が古代船『野生号』の航行実験経過『わが心のヤマタイ国』を出版した。この経験は成功したと述べているが，どう見ても失敗としか読めない。危ないところは伴走の動力船が曳航している。夜間は洋上で母船に繋留，乗組員も母船で宿泊酒盛り。珍島沖では動力船に曳航されていたにも関わらず引き潮の速さに負けて座礁した。南岸に回りこんでは台風接近の気象予報で安全地帯に避難している。洛東江の河口横断では激流に揉まれ，漕ぎ手が疲労して難破寸前である。漸く入港した釜山港からは潮汐流に翻弄されて自力では出港できず，動力船の曳航で出港した。副題『古代船野性号の鎮魂歌（レクイエム）』が失敗を物語るのである。

・記憶に新しい処では，この海域での“セウォル号”の遭難がある。上階に増築改造をして重心が上がり，過積載の為船底のバラスト水を抜いたのが航行の安定を欠いたとし，未熟な女性の三等航海士が操舵していたのが原因，とされるが，この海域までは何とか航行してきた。

熟練の一等航海士の操舵をしても転覆は免れなかった，と観る。仁川から済州島へ向かうには，直進の筈。右に舵を切ってバランスを崩したとか。高低差八メートルの引き潮で座礁を避ける為，か。即ち，古代船では朝鮮半島西岸南下航路はあり得ない，と断ずることができる。

（3）「狗邪韓國」は「韓」の領域の事ではナイ！

＊「…到其北岸狗邪韓國七千餘里」の「其」＝「倭」の事である。

・朝鮮の古民話に，王が臣下に「九つの頭の竜が王の意に従わないので誰か退治する者は居ないか」と問いかけるのがある（概略）。

・狗邪韓國＝九倭韓國（九人の「倭」の部族長）の意の国情説明文言の一部である。

　　「韓」とは,騎馬民族の「王や君主」の意の "haan・khan" の事である。（前述）

・官職が記載されていないのは，部族並立で国家の態を為していないから，と。

・『三国遺事』の『駕洛國記』には，この地への首露王降臨神話に「亀旨峰に集う「九干」の上空から降臨」とある。「九干」＝九人の部族長の意。

（4）「末盧國」とは唐津のことではナイ！

＊玄界灘の荒波を漕ぎ渡ってきて，漕ぎ手は疲労困憊している。最短距離の呼ぶ子港に寄港するのが道理である。

　狗邪韓國～對海國～一大國～呼ぶ子の実際の距離比は，約５：３：１.５であるが，全部「千餘里」である。海流と漕ぎ手の疲労とで所要時間に大差が無かったから。誰も測量はしていない。

・上陸して末盧國から「伊都國」に向かうのに「行くに前人を見失う」

様な藪を掻き分けての陸行にはそれなりの理由が考えられる。唐津湾内の西岸は岩場，湾奥は後世の唐津藩主が防潮林に松の植樹をする程荒波が打ち寄せていた。又，唐津湾奥へ行くくらいなら加布里湾へ行けば伊都國に直行できる。それが出来ないだけの理由があった，と見るべきである。大小の河川からの堆積物の泥地で外洋船の接岸不能だった，とか黒潮反転流と潮汐流が障害だった，とか。

・「王遣使詣京都帯方郡諸韓国及郡使倭國皆臨津捜露」＝（倭）王が魏の京都や帯方郡や諸韓国に使いを遣わすとき及び郡使が来倭する時は国中の皆が臨津（海岸を）捜露（見張り探す⇒難波，遭難，漂流，漂着）＝唐津湾からは外洋を渡る船は探せない！

（5）（末盧國から）「東南陸行五百里到伊都國」の方位認識は間違ってナイ！

＊前項で末盧國は呼ぶ子とした。郡使（魏使）が來倭の夏の日の出を東と認識していて整合する。「對海國から南渡一海千餘里で一大國」の方位も整合している。（夏の日の出の方位は東に約28°30′ 北に振れる）

（6）「世有王皆統屬女王國」＝「代々王有り皆女王國に統屬す」ではナイ！

＊「（倭國大乱前の伊都國には）代々王が居て皆，現・女王國（「邪馬壹國」）をも統屬」していた。伊都國王の名が登場しないのは，卑弥呼共立以後の空位を表現している。「伊都國」＝「伊奘諾尊以来の都」の地の縮約か，と。

（7）魏使（郡使）は伊都國から先へは行ってナイ！

＊「郡使往来常所駐」＝郡使が来倭し常に留まる所＝単に「滞在する」だけの意味ではなく，「駐」の旁の「主」は「とどまる意味。馬が立ちどまる意味を表す」『大漢語林』（大修館書店）。其の先の「東南至奴

20

國百里…東行至不彌國百里」の解釈＝行程の書き順が「方位＋距離＋国名」が「国名＋距離」に変わり「又」の記述が無い。「東南に百里で奴國に至れる, 更に東に行けば百里で不彌國に至れる」の意である。

・「行」が不彌國にだけ使われている。郡使は伊都國から先へは行っていないが, 陸行の続きで行ける, と。「投馬國水行二十日」への段落の為の表現である。

「從郡至倭海岸水行…東行至不彌國百里」の「從」と「行」が連続行程の始点と終点を意味している。≪【説文解字】「从彳亍。彳, 小歩也。亍, 歩止也。」より抜粋≫即ち, 行人偏の「彳」は,「小歩也＝歩き始め」で「亍」は「歩止也＝歩みを止める」と。この解釈から重要な事が判った。「水行十日陸行一月」＝帯方郡〜伊都國まで, だと。

（8）「南至投馬國水行二十日」の南は所在の方位で, 初動が南の意ではナイ！

＊「(伊都國の)南の投馬國へは水行二十日で至れる」＝「不彌國」の後に記述されているが「伊都國」からの行程である。≪伊都國(三雲遺跡)〜瑞梅寺川〜今津湾〜博多湾〜御笠川(闇門式)で源流近く〜船毎担いで(「只越」)宝満川〜筑後川〜有明海〜矢部川遡上＝八女福島≫で二十日である。「水行二十日」＝陸行困難か陸行不能の意味。現在の平野部は低湿地の荒野である。

（9）「南至邪馬壹國女王之所都水行十日陸行一月」は投馬國からの行程ではナイ！

＊「(伊都國の)南の女王が都する邪馬壹國に至れる」。所要日数の記述が後ろにあるのは投馬國からの事ではないからである。その行程は投馬國への途中から,「筑後川〜巨瀬川遡上〜うきは市(邪馬壹國)」である。「邪馬壹國」以北に投馬國は在るとは東西に並んでいる事になる。旧・八女郡星野村は明治の廃藩置県以前は浮羽郡側である。女王の奥

写真 2.1　邪馬臺國＝邪馬壹國＝邪靡推＝高天原＝うきは市

「水縄連山（耳納山地）」＝「筑紫の日向の襲の高千穂の櫛触る嶽」

天孫降臨の地＝「膂宍の胸副國」でもある

座敷であった名残であろう。

・「投馬（つま）國」の語源＝" 두메 "（tu-mæ）國＝双山國（對馬國と同義）＝水縄連山（耳納山地）と筑肥山地の間の國の意＝八女郡＝「上・下妻（つま）郡」（倭名類聚鈔）。

(10)「水行十日陸行一月」＝萬二千餘里全行程の所要日数ではナイ！

＊「伊都國まで萬五百里」の所要日数＝「水行十日陸行一月」の意。

・投馬國（「邪馬壹國」）までの「千五百里」の所要日数＝「水行二十日」。その合計が萬二千餘里の所要日数。外洋の水行十日と内陸の水行二十日を書き分ける為。≪章末：郡庁所在地（楽浪郡徼＝帯方郡）から「邪馬壹国」への行程図参照≫

(11)「邪馬壹國」は誤字・誤記・誤写ではナイ！＝戸数七萬戸も実態ではナイ！

＊「壹」＝書記官の認識では "yi" である。「邪馬臺國」の項でも述べたが，「邪馬・邪靡」は「天（あま・あめ）」の九州弁訛り。では， "yi" は「倭語」の何を音写したのか。 "wi" ＝「うヰ（上）」の音を "yi" の訛りと受取られた。「卑彌呼」の居所説明文言の一部を国名と勘違いしている。

『後漢書』の記載を知っている書記官が後世の使者に問う「今でも「卑彌呼」は「邪馬臺國」に坐しますか」と。使者は「邪馬臺國」が判らなかった。その様な国名の地は無いから…。だが,「卑彌呼」の居所を問われたのは理解した。曰く「「天 (あま・あめ)」ン上 (うヰ)」と,一本指を立てた。前史の書記官が「臺と壹」とを書き間違ったと理解した,か。次項で『隋書』が証明している。

　「邪馬壹國」の戸数七萬戸＝投馬國五萬戸＋奴國二萬戸の誤通訳か誤認識。

(12) 倭の三十ヶ国の呼称の殆どは国名ではナイ!

(国情説明文言の一部である)

＊倭人が「倭語」で国情説明をした文言の一部を国名と勘違いしている。

・「狗邪韓國」,「伊都國」,「投馬國・對海 (馬) 國」,「邪馬壹國」は解説済み。

・「一大國」＝對馬國の峻険で良田無しに対比して,島中「一帯が國邑」と。

・「末盧國」＝遣使・郡使の往来の無事を「祀る処」と説明した。

　「王遣使詣京都帯方郡諸韓国及郡使倭國皆臨津捜露伝送文書賜遺之物詣女王不得差後錯」＝「(倭) 王使いを遣わし洛陽や帯方郡や諸韓国に詣でたり,郡から倭國に使いある時,(末盧國の) 皆海岸に出て捜露 (難破・漂流しても探し出し) し文書・賜遺物を女王に伝送するに差錯を得ず」。

　「伝送」＝郡使 (魏使) は直接「卑彌呼」に面会してはいない事を意味する。

　伊都國の配下に在るから官職者は居ない。

　唐津湾奥では海峡渡航船の捜露はできナイ!

・「奴國 -1」＝“ㄴ” (non → nun) 國＝野 (棚田) 國と説明した。

　旧・筑紫郡＝那珂川市から春日市に亘る,背振北麓一帯。

・「不彌國」＝尊が不在の國と説明した，か。（徐福が興した国か？）

・「斯馬國」＝“쇠메”（soemæ）國＝鉄山（直訳）國＝志摩郡糸島市。
九州大学糸島キャンパス建設工事前の遺跡調査で鉄遺構出土。

・「彌奴國」＝御井ン國＝三井郡御井町＝貴い方（卑彌呼）の井の在る所
と説明。久留米大学の御井キャンパスの在る処。三井＝徳間清水・磐
井清水・朝妻清水，の事。
朝妻には「味水御井神社」があり，高良大社の神幸祭の巡幸先でもある。

・「蘇奴國」＝“서”（seo）ン國＝西の國（直訳）。“저녁–이”（jeo-nyeog-i）
夕方の国は東・西彼杵郡＝長の﨑→好字二字令で訓読みし「長崎」の
語源。

・「華奴蘇奴國」＝「漢ン（の）祖ン（の）國」＝徐福（秦人）が興した
国の意＝漢前（さき＝祖）郡＝神崎郡（好字二字令）＝吉野ヶ里がある所。

・「烏奴國」＝「ウゥ奴國」＝大奴國＝大分県大野郡，大野城市。
福井県と岐阜県に跨る，夫々の県より広大な「大野郡」＝北斜面の雪
が棚田の稲作の水源。

・「奴國-2」＝“논”（non → nun）國＝野（棚田）國と説明した。重出は
一回りして元に戻ったのではないことを指している。「此女王境界所
盡」。水縄連山（耳納山地）北麓＝北野・草野・竹野・大野原・星野である。
（旧・竹野郡）

※「○奴」では格助詞の「の」の音便変化「ン」とした。「奴國-1」「奴
國-2」との二通りの使い分けが理解できていない事が，混沌の原因
でもある。

(13) 其（女王境界所盡）南有「狗奴國」＝「くな國」ではナイ！

＊「高（氏）ン國」で，「女王境界所盡」とは，熊本県菊池郡である。
『後漢書』に謂う「女王國東渡海千里拘奴國」＝高知県。

女王國の東と南の記述をして漢籍の記述が良い加減だとする説は不成立。

この両県は県民性が共通していて同族である。

- 土佐イゴッソ＝"외‐고집"（oe-go-jib）＝意地っ張り，依怙地，頑固一徹。
- 「肥後モッコス」＝"목곧이"（mog-goji）＝一徹な人（『民衆書林・韓日辞典』）。

※この「高氏」は高句麗建国王「朱蒙」の姓の「高氏」まで遡及する，かと。

3. 『隋書』の記述から…

（1）「俀國在百済新羅東南水陸三千里於大海之中」＝列島のみではナイ！

＊「前史の記述を踏襲，百済の東と新羅の南と水陸三千里の大海之中に在る。朝鮮半島の西海岸は百済領に旧・狗邪韓國の北限も南下。金海辺りに縮小。

（2）「其國境東西五月行南北三月行各至海」

＝裴世清は倭地に居て，列島の範囲の聴き取り調査を記録した。朝鮮半島の南東の隅に縮小の倭地（伽耶）。

（3）「其地勢東高西下都於邪靡堆則魏志所謂邪馬臺者也」

＝裴世清は現認。

＊「魏志に所謂「邪馬臺」とは，（「臺」とは女王の宮殿の意かと）来て見たら，東が高く西に下がる地勢の「邪靡堆」（黒髪靡く堆い小山）だった」と。「東高西下」とは一望できる範囲の表現＝水縄連山（耳納山地）の山容・山態と筑後川の西流を指している。この地は伊都國の南千五百里に在る。

（4）「明年上遣文林郎裴（世）清使於俀國」

＝「明年（無礼な國書の翌年＝大業四年）上（煬帝）は裴世清を遣わして俀（倭）國に使いさせた」。行程は，

* ＊「度百済行至竹島南望［身冉］羅國経都斯麻國迴在大海中又東至一支國又至竹斯國」。

* ・「（黄海を横断）百済に渡って（陸路）竹島に至り，南に［身冉］羅國（済州島）を望み（再出航して）「迴か」大海之中の都斯麻國を経て（寄港せずに）東して一支國に至り又竹斯國（博多湾）に至る」である。半島南西の難所の航行を避けた記述であり，対馬海流に乗り「一支國」を目指している。

　釜山港へ寄り道する意義が無い。

（5）裴世清は竹斯國から一歩も出ていナイ！

「又東至秦王國其人同於華夏以為夷洲疑不能明也又経十餘國達於海岸自竹斯國以東皆附庸於俀（倭）」

* ＊「（竹斯國に居て）又東すれば秦王國（京筑）に至れる，其の人は華夏（中華）に同じで夷洲と為すも疑わしく明らかにする能わざるなり。又（竹斯國の東に）十餘國経ると海岸（別府湾）に達する。竹斯國より東は皆（秦王國＋十餘國は）倭に附庸する」＝伝聞記述で，裴世清は行っていない。

※前項と「竹斯國」が二回登場するのは，最終目的地に居る事を意味している。

※「竹斯國」とは前史の国名の「末盧國，伊都國，奴國，不彌國，投馬國，邪馬臺（壹）國，（彌奴國）」を包括しているというか，それらが国情説明文言の一部であって国名ではなかった，と看破しての表記である。

※「秦王國」とは，「華奴蘇奴國」＝「漢ン（の）祖（秦）ン（の）國」＝神崎郡が発展的に京筑地区へ展開。「倭の五王」讚・珍・済・興・

武を排出した，と観る。

※俀（倭）國には，都斯麻國，一支國，秦王國，十餘國とあるが，「阿
　毎多利思比孤」の他には王は居ないのである。

（6）「俀（倭）王遣小德阿輩臺從数百人設儀仗鳴鼓角來迎…」とは…

＊「倭王は（博多湾に）小德阿輩臺を遣わし，数百人の儀仗を従えて鼓
　と角笛を鳴らして迎えさせた（大宰府に逗留）…」。小德（阿輩臺）＝倭
　王の官僚。

（7）「後十日又遣大禮哥多［田比］從二百餘騎郊勞既至彼都」とは…

＊「十日の後，大禮哥多［田比］を遣わし二百騎を従えて郊勞，都に至った」
　＝「（大宰府に）十日待たされて，倭王の都に着いた」＝待たせた理由
　は…
　「稽留境内不即相見今故清道飾館以待大使」＝「境内（大宰府）に待た
　せて即逢わなかったのは，道路を清め館を飾って大使を待つ故です。」
　とある。

※大宰府から十日で道路が清められる処に「阿毎多利思比孤」の館は在
　る。それは，高良山である。大禮哥多［田比］＝倭王の官僚名。

（8）「倭王姓阿毎字多利思比孤号阿輩雞彌」とは固有名詞ではナイ！

＊阿毎＝「天（あま・あめ）」の意である。

・「多利思比孤」＝「照彦＝照日子」＝“딸리다”（ddal-ri-da）付く，属
　するの語幹＋「彦＝日子」である。「阿毎多利思比孤」＝「天（あま・あめ）
　出自（所属）の「彦＝日子」。「天照大神」の異字表記である。（33頁）

(9) 裴世清は「朝命既達」として帰国を申し出る

＝宴享を設けて送る＝此後遂絶。

・裴世清を送り出すまで在った「倭國」は此の後音信が途絶えた，とは
畿内の日本国に取って代わられたのか？

第2節　古地名から判る事

1. 「九州」とは…

　九州は何時から「九州」か。三省堂『大辞林』には，筑前・筑後・豊前・
豊後・肥前・肥後・日向・大隅・薩摩の九ヶ国とあるが，偶然の一致か後
世の付会であろう。

　我が国最古の史書の『古事記』（712）は我が国を大八島国（おおやしまの
くに）と記述，八つの島からなると。淡路，四国，隠岐，筑紫島，壱岐，
対馬，佐渡，本州 としていて九州の事を筑紫島と記述。『日本書紀』（720）
でも九州の事を筑紫洲と表記している。『記・紀』では未だ「九州」とは
認識していない。

　本来の九州とは古代中国の九つの領域の事だったのが牽いては皇帝の威
光が及ぶ中国全土の意味となる。その意味を援用した漢詩を作った人がい
る。

　第九次遣唐使として渡った阿倍仲麻呂は唐で高い官位に昇っている。藤
原清河率いる第十二次遣唐使一行が来唐。仲麻呂は清河らの帰国に際し，
一緒に帰国することを願い出て許される。阿倍仲麻呂（晁監）と親交のあっ
た王維は別離の詩を詠んだ。

送祕書晁監還日本國	秘書晁監（「秘書監の晁衡」）の日本国に還るを送る
積水不可極	積水　極む可からず
安知滄海東	安んぞ　滄海の東を知らんや
九州何處遠（所）	九州何れの處か遠き（九州いずれか所せし）
萬里若乘空	万里　空に乗ずるが若し
＜途中五行略＞	
主人孤島中	主人は孤島の中
別離方異域	別離　方に域を異にす
音信若爲通	音信　若爲ぞ　通ぜんや

　句中の「主人孤島中」の「主人」とは，阿倍仲麻呂の事であるから，蒼海の東の「九州」とは阿倍仲麻呂（晁監）が帰り着く処を指している。

　阿倍仲麻呂は，詩聖と謳われた李白・王維・杜甫らと親交があった。彼らは『後漢書』に記載の「邪馬臺國」と『三国志（魏志倭人伝）』の「邪馬壹國」に就いて質問したであろう。だが弱冠二十歳の頃，第九次遣唐使船（717）で出国した彼には答えられない。彼の出国前『古事記』を編纂した太安万侶も「邪馬臺國・卑彌呼」には触れていない。

　阿倍仲麻呂（晁監）は職責上，隋の煬帝が派遣した裴世清が『隋書』の中で，現地踏査して「邪馬臺國」について記述しているのも，知っていた筈である。これらを読んでも彼には「邪馬臺國」の何たるかが判らなかった。答えに窮した彼は，『三国志（魏志倭人伝）』に登場の「倭」の三十ヶ国の内，国情を詳述の九ヶ国を「卑彌呼」の直轄領とでも謂った，か。その九ヶ国は「狗邪韓國・對海（馬）國・一大國・末盧國・伊都國・奴國・不彌國・投馬國・邪馬壹國」。彼が高齢を押して皇帝の慰留を振り切り，航海の危険を冒してまで，帰国したかったのは「邪馬臺國」「邪馬壹國」「卑彌呼」の何たる

かを確認したかったからではないか。

2.　『記・紀』神話の地名と関連する神名

　地名学者「鏡味完二」は，九州の地名と似た地名が畿内にも配置も同じように存在するのは北九州と近畿の間に大きな集団の移住があったことを示している，と（『日本地名学　科学編』）。私は，「古代倭語（方言と朝鮮語に片鱗を留める）」を駆使して，どちらの地名が本来の意味に合致しているかを検討した。代表的な幾つか取り上げ，それらの全てが九州に立地するのを示して移動の方向が九州から畿内である，とする。

（1）「高天原」

　『古事記』書き出し，神話の舞台で神々がいる天上界の事を思わせる記述。「天地初発之時　於高天原成神　名天御中主神＜訓高下天云阿麻下效此＞次高御産巣日神次神産巣日神　此三柱神者…」に，＜訓高下天云阿麻下效此＞と註がある。

　即ち「高天原」の「高」の下の「天」は「あま」と読み以下は此れに效く（倣う），と。何故「天」を「あま」と読むかには触れていない。これは，時の権力者（藤原不比等）から隠蔽を命じられた太安万侶が反骨精神から，後世の賢者が読み解ける様に仕込んだ「鍵」と観る。私は，それを以下の通りに解読した。

　≪ハングル＝「古代倭語（方言と朝鮮語に片鱗を留める）」≫

＊「高」＝高低の意ではなく，寄って「集（たか）って」の当て字で 朝鮮語 " 다가 -"（taka＝［傍へ寄り付く，寄り添う，近付く，詰め寄る］）と同じ語幹。

　水縄連山（耳納山地）の東西≒25kmの山頂かノコギリ歯状を呈している様を表現している。

＊「天（あま・あめ）」とは…。

（イ）　"아 -"（a-）＝朝の「あ・さ」＝朝の来る方向（処）＝東の意と同義。
　　東（あづま）（あ・詰（つま））＝東の端。朝（あした），明日（あした），（夜が）
　　明ける，皆「あ」が付くのでもいえる。

　　朝鮮語の朝＝"아침"（a-chim）＝朝，あした＜雅＞（『民衆書林・韓日辞典』）。

NHKハングル講座（ラジオ）　講師イ・ユニ先生　2007年4月号。

　［ハングル物語―母音字はどうつくられたか］

　母音字は「陰と陽の調和」という自然の法則を基に作られています。

　母音［a］＝「天（太陽）が人の東」→朝の明るいイメージ。

　≪一部抜粋≫

（ロ）　"메 -"（mæ-）の母音は現代朝鮮語では"e"となっているが，本
　　来は「ま・め」の中間音。故に「天（あま・あめ）」の両方に読める。
　　"메"＝「山」の古語的表現（『民衆書林・韓日辞典』）。＜前述＞
　　「山」が（やま）なのは「天（あま）」の九州弁訛り。「蟻」を「やり」
　　と訛る。
　　「山」は「（国の）東の聖なる山」＝「高天原」限定用語だったのが他
　　に敷衍した。

＊「原＝ばル」とは，"벌"（beol）＝［原；野原（『民衆書林・韓日辞典』）］で，
　筆者註としては，「耕作地＝邑」。

※従って，「高天原」＝「東の山（聖地）に寄って集（たか）っている原」。
　水縄連山（耳納山地）の東の端のうきは市（旧・浮羽町）の狭い谷間に，
　百箇所近くの「○○原」の字地名が犇（ひしめ）いている。此地に「日向」
　の地名が現存。朝日に向いた地の意で「筑紫の日向」（国生み神話の舞台）
　である。「○○日向」の地名が他に十二ヶ所。

「浮羽」の地名も［旭日原］＝"육일벌"（u-kil-beol）の語尾子音欠落発音である。漢字音由来なのは，「徐福」渡来後の影響か。「高天原」＝「阿斯達」とも同義。旧・浮羽町役場の地名は「朝田」＝「阿斯達」と同義＝「朝日に輝く」の意。

≪「水縄連山（耳納山地）」は谷沢に刻まれた東西25kmの保水力のある水源の山である。水耕稲作に必要な水量を必要な期間供給，棚田稲作の穀倉を潤した。『記・紀』神話は弥生文化を背景に語られている。今の平野部は未だ低湿地の荒野である。『記・紀』が古く見せたがっても馬脚を現している＝太安万侶の仕込んだ鍵≫

＊「高天原」の東西の入り口に「三春原（うらせばる）」と「牛鳴峠（うしなきとうげ）」がある。

・「三春原」は「うらせばる」と読む。東側にあるが普通では読めない。"울쇠‐벌"（ul-soe-beol）＝「鳴く鉄・原」（直訳）＝鉄が唸る原（意訳）。

・「牛鳴峠」＝（soe-ul）峠＝「鉄鳴く峠」＝鉄が唸る峠。鉄⇔牛は同音。

・"울쇠"（ul-soe）＝「五月蝿い」の語源か。製鉄の音は「ウルセェ！」。

・「高天原」には，東多々羅，南多々羅，西多々羅と製鉄地名がある。方位から見て北風自然送風の製鉄炉か。「素盞鳴尊」追放前の製鉄集団跡か。

・「高天原」には「諏訪神社」＝「"쇠‐와"（soe-wa）鉄来る神社」がある。古代に在っては，鉄を制する者が国を制した。「高天原」の東西の入り口が製鉄絡みの地名である。韓国の首都"서울"（seol）は語源が諸説有って定まっていない。"쇠울"（soeul）の訛りを疑う。

（2）天の香山（あめのかぐやま）［天香倶山の表記もある］（38頁）

＊「天（あま・あめ）」は前述。

＊「香山」＝「"강‐꿰"（kang-ggwe）山」＝「川刺す山（直訳）」である。これは，朝倉市に在る「高山（こうやま）」の事である。将に筑後川に

突き刺さっている。「高山（こうやま）」←「香山（こうやま）」←「香山（かぐやま）」の変遷を辿った物であろう。国（筑後平野）の東に在り筑後川に突き刺さっている小高い出張りである。標高192mと山とも丘ともとれる。畿内にはこの立地に該当する山は無い！

＊舒明天皇国見の詩

「大和には群山あれど　とりよろふ　天の香具山登り立ち　国見をすれば　国原は煙立ち立つ　海原はかまめの立ち立つ　うまし国ぞあきつ島大和のくには」

・この詩の舞台も，朝倉市の「高山＝香山」である。奈良の香具山から海は見えない。有明海は，久留米の水天宮辺りまで湾入，筑後川の川面を飛ぶカモメが見えたのである。

(3)「天（あま・あめ）」に在る神話の場所

＊禊祓いの場所

伊奘諾尊は，死んで黄泉の国に居る伊奘冉尊に会いに行く。蛆ころ集れる死体に懼れをなして逃げ帰って，穢れた体を禊ぎして祓う。その逃亡経路から禊ぎ祓いの地迄の地名が順序良く一列に連なっている。

＊「筑紫の日向の橘の小戸の阿波岐原」に到りまして，禊ぎ祓へたまひき。

・「筑紫の日向の」＝うきは市に現存の「日向」，妹川小学校前・旧バス停。伊奘諾尊は途中に「黄泉比良坂」を通る＝立地から，うきは市「小坂」か。近年「うきは市」の「小坂」の近くに「西の城古墳」出土して話題に。私は初代「天照大神」の墓ではないか，とシンポジウムで発表したが，最近は「伊奘冉尊」の墓でも，立地が整合すると思うに至っている。

・「橘」＝うきは市吉井町「橘田（たちばんだ）」，斉明天皇崩御の橘の広庭に所縁の地。

・「小戸の」＝筑後川の渡河に適した処。能古（残）島渡船場は西区小戸。

・「阿波岐原」＝「阿」は前述（東の端），「波岐原」⇒「朝倉市・杷木町の原」。加えて情況証拠がある。禊ぎ祓いの場所選定の様子が神話に述べられている。

＊「上つ瀬は瀬速し，下つ瀬は瀬弱し，中つ瀬に堕り潜きて…」と。この辺りには，三つの大きな中洲がある。

・上つ瀬＝古川（筑後川）温泉がある中州，上流は急流で人は立っていられない。

・下つ瀬＝中島畑（野球のグランドも在る）の下流で，膝より浅いセセラギ。

・中つ瀬＝原鶴温泉が在る中洲，中島畑との中間は澱みで，禊ぎに最適地。此地での禊ぎで国土と神々が生成される。この時，墨の江の大神（住吉大神）も生まれる。そして，左の眼から「天照大神」，右眼から「月読尊」，鼻から「素盞嗚尊」（『古事記』＝須佐之男命・建速須佐之男命と表記）を生む。

(4)「天（あま・あめ）」出自の神々

天照大神と素盞嗚尊

> この二神の確執は，製鉄公害問題である事が，神名の語源からも解かる。

＊「天照大神」（あまてらすおおみかみ）＝「天」は前述。

・「照」＝古代倭語 " 딸리다 "（ddal-li-da）［付く，属する，付いている］の語幹の当て字である。即ち，「高天原所属（出自）の大神」であり棚田での稲作農耕神。固有名詞ではないので，何代も何人（神）でも襲名できる。性別は問わなくて良い（津田左右吉は「男神」と断定している）。『隋書』に登場の倭王「阿毎多利思比孤」も同伝（前述）。

※高良大社の主祭神「玉垂尊」＝「" 다 "（ta）全・天照大神」＝歴代「天照大神」。

* 「素盞嗚尊」＝"쇠상"（soe-sang）王＝［鉄上（直訳）王］⇒製鉄王。『後漢書』に登場の倭王「帥升」＝「素盞嗚尊」。（15頁）

・"쇠"（soe）［鉄；真金＜雅＞，金属の総称］（『民衆書林・韓日辞典』）。"쇠 -"（soe）［"牛の"］同義。建速須佐男命の「建速」は「たてはや」と読んできたが，「牛頭（ごず）」の当て字か。即ち，素盞嗚尊＝牛頭天王とも。

　　職掌名であり何代も何人も襲名し得る。日本書紀の一書に，素盞嗚尊は乱暴狼藉のために高天原を追放になり，新羅国の「曽尸茂梨」（そしもり）の処へ行く，とある。

・曽尸茂梨"쇠씨 -머리"（soe-ssi-mori）＝製鉄の頭（かしら）の意。地名ではなく「製鉄の長（かしら）」「素盞嗚尊」の配下の処へ行ったのである。

* 『記・紀』に「卑彌呼」の異称か，太安万侶は此処にも伏線を忍ばせている。

* 『古事記』⇒「神世七代」の二番目の「豊雲野の神」

・「豊雲野の神」＝豊かな雲の「野＝奴國」の神とは，天（あま）に坐します「卑彌呼」。水縄連山はよく雲が湧く。

* 『日本書紀』⇒「豊国主尊，豊組野尊，豊香節野尊，浮経野豊買尊，豊国野尊，豊齧野尊，葉木国野尊，見野尊」と「神世七代」の二番目の神の異称がある。

・「豊国主尊」＝豊かな「国＝軍尼」主尊＝豊かな「扱った山容・山態」の水縄連山（耳納山地）の主の尊とは「天（あま・あめ）」に坐します「卑彌呼」。

・「豊組野尊」＝豊かな組み合った棚田（野＝奴國）の尊とは「卑彌呼」。「組」は「雲＝"구름"」の音写であれば（記）の「豊雲野の神」と同じになる。

- 「豊香節野尊」＝豊かな「香節＝谷沢」の棚田（野＝奴國）尊とは「卑彌呼」。
- 「浮経野豊買尊」＝浮羽の棚田（野＝奴國）と豊かな「買＝" 메 "（me・mœ）山の古語」の尊とは「天（あま・あめ）」に坐します「卑彌呼」。
- 「豊国野尊」＝豊かな「国＝軍尼」の棚田（野＝奴國）の尊とは「卑彌呼」。
- 「豊齧野尊」＝豊かな「齧＝槵触」の棚田（野＝奴國）の尊とは「卑彌呼」。「齧る」＝水縄連山（耳納山地）の山腹の様の表現。
- 「葉木国野尊」＝木の枝葉垂れ「国＝軍尼」の棚田（野＝奴國）の尊とは「卑彌呼」。水縄連山（耳納山地）の山肌は貝塚息吹の枝葉模様に似ている。
- 「見野尊」＝水縄連山の尊は「天（あま・あめ）」に坐します「卑彌呼」。

(5) 天孫降臨の地

　天照大神は高天原から見える「葦原の中つ国」を平定しようとする。低平地の湿原の荒地が，徐福らの湿地土木技術で治水灌漑排水干拓が進んだ為の争奪戦であろう。中国正史に云う「倭國大乱」か。

　「豊葦原の千秋の長五百秋の水穂の国は，我が御子　正勝吾勝勝速日天の忍穂耳の命の知らさむ国」と。太子忍穂耳の尊の子「天津彦彦火瓊瓊杵尊（邇邇藝命）」を天降りさせる。「天の石位を離れ，天の八重多那雲を押し分けて，稜威の道別き道別きて，天の浮橋　に，…」降り立つ。「天の浮橋」とは，前述の「浮羽」と同義同音の当て字であり，高天原から，筑紫平野が見渡せる地点に出た，と。

　天降りした地点は古事記では，「筑紫の日向の高千穂の霊じふる峰」と。

　日本書紀では，「日向の襲の高千穂の峰」，「筑紫の日向の高千穂の槵触峰」，「日向の襲の高千穂の添の山峰」とある。これらを合成して「筑紫の日向の襲の高千穂の槵触嶽」と最大公約数的に命名した。これは，水縄連山（耳納山地）の山容・山態を謂い表わしている。

　＊「筑紫の日向の襲の高千穂の槵触嶽」

・「筑紫の日向の」＝妹川地区の日向。（うきは市立小学校前の元・日向バス停）

・「襲の」＝“서”（seo）の＝「西の」（62頁ロ）方位）。

・「高千穂の」＝「高」は前述「集（たか）る」の当て字。「千穂」は，水縄連山（耳納山地）の山頂がノコギリの歯状を呈しているのを「千の穂」と描写。

・「槵触嶽」＝水縄連山（耳納山地）の山腹が，千本の櫛の歯で梳った様相をしている描写である。「触る」⇒“흝”（ful）＝扱（しご）く（民衆書林・韓日辞典）でもある。火瓊瓊杵尊は「脊宍の胸副國」を丘続きに歩いた，ともある。

・「脊宍の胸副國」＝痩せた動物の背骨（山頂のノコギリの歯状）と肋骨が浮き出た（櫛触る）様，のことである。水縄連山（耳納山地）の稜線描写であろう。

※其処で，天津彦彦火瓊瓊杵尊は「<u>此地は韓國に向ひ笠紗の御前にま来通りて，朝日の直刺す国，夕日の日照る国なり。かれ此地ぞいと吉き地</u>」と詔りたまひて…，と。

　ここからは，二日市地溝帯の御笠山（宝満山）の御前を引き通して韓國（からくに）が真正面になると強調。韓國（からくに）とは「駕洛國」「狗邪韓國」の半島倭人の故地（同胞＝はらから）の意である。大韓民国の意ではない。

(6)「天（あま・あめ）」の範囲

＊狭義には「天（あま・あめ）」の筑後弁訛りが「山（やま）」＝「邪馬」とした。

・「山曽谷川」は「水縄連山（耳納山地）」の最高峰「高取山」北麓を水源として「うきは市吉井町」の中央を巨瀬川に注いでいる。

・「山曽」の「山」＝「天（あま・あめ）」＝「高天原」。

・「山曽」の「曽」＝“서”（seo）の＝「西の」の意（前項「日向の襲」と同義）。

∴「山曽谷川」「天（ぁま・ぁめ）」の西の端に在る谷川の意。

＊広義には（別添地図）

・「山口」＝「邪馬 " 끝 "（ggeud）」。" 끝 "（ggeud）＝端, ふち, 先, 終わり, しまい, はて。(『民衆書林・韓日辞典』)

＊所謂「邪馬臺國」時代の範疇は…

①福岡県若宮町山口　　　　　　　　②　〃　筑穂町山口

③　〃　嘉穂町山口　　　　　　　　③'　〃　添田町山口

④大分県日田市山口

⑤福岡県うきは市山口（前津江村＝" 뒤 "（dwi）後ろ＝高天原後詰め村に隣接）

⑥　〃　八女市星野村山口（中津江村　〃に隣接）

⑦　〃　八女市矢部村山口（上津江村　〃に隣接）

≪十津川村＝≫" 또－뒤 "（tto-twi）村＝「又・津江村」の意である。

≪杖立＝" 뒤－닫 "（dwi-dad）＝後ろ閉め＝「高天原」の後詰＝防衛ライン≫

⑧熊本県菊水町山口　　　　　　　　⑨　〃　玉東町山口

⑩　〃　玉名市山口　　　　　　　　⑪　〃　南関町山口

⑫福岡県大牟田市山口（⑪と隣接）　⑬佐賀県江北町山口（肥前山口）

⑭福岡県筑紫野市山口

※以上, 最北端から時計回りで一周が, 広義の「山＝天（ぁま・ぁめ）」の範疇か, と。

『古事記』の現代語訳は『新訂古事記』武田祐吉訳注, 中村啓信補訂・解説　角川文庫。

『日本書紀』の現代語訳は全現代語訳『日本書紀』宇治谷　孟　講談社学術文庫に拠る。

3. 神武天皇」即位の地と橿原神宮の関係・他

※（ウィキペディア）要約抜粋

《初代神武天皇と皇后媛蹈韛五十鈴媛命を祀る為，神武天皇の宮（畝傍橿原宮）があったとされるこの地（畝傍山東北陵の南）に，橿原神宮創建の民間有志の請願に感銘を受けた明治天皇により，1890年（明治23）4月2日に官幣大社として創建。1948（昭和23）年神社本庁の別表神社に加列》

＊即ち，縁も所縁も無い所に，記・紀の記述に合うように捏造している。土地の古老は，この地には樫の木は一本も生えて無かった，と。

※「高天原」＝「うきは市」には「樫ヶ平」の地名が現存＝「神武天皇」即位の地！

※大和三山＝「天香倶山」・「畝傍山」・「耳成山」は九州が発祥。

・「天香具山」は前述（31頁）

＊久留米大学大矢野名誉教授の九州王朝説は「畝傍山」は九州に在る！と。

＜要約抜粋＞

＊「畝傍山」＝田の畝の様にくねくねとした尾根を持つ意であるが，奈良の畝傍山は単峰である。朝倉市と小郡市に跨る，「花立山・城山」が本来の畝傍山である。こちらの畝傍山は，くねくねとした尾根がある。両市で呼び名が異なる。

・『日本書紀』「三十一年四月一日，天皇行幸，脇上の嗛間の丘に登られ，国状を見廻して言われた。素晴らしい國を得た。良き哉。蜻蛉の臀呫の如し。是が秋津洲と號る由来である」

＊神武天皇は（畝傍山の）脇山の嗛間の丘に登って国見を為されている。

・奈良の畝傍山は単山で，「脇山」は存在しない。

・嗛間の丘＝母（祖先）の墓がある丘＝奈良の畝傍山には墓は無い！

・こちらの畝傍山（花立山・城山）には三百基以上の古墳が在る。

＊「蜻蛉の臀咕の如し」は国の地形がハート型＝奈良県にはない！

・「嘰間の丘」から見下ろして，宝満川と筑後川の合流点とその周りの穀倉地の地形を表現している。＜要約抜粋終わり＞

・所在地の「四三嶋」＝「始祖島」＝神武天皇の事を「始祖」と観ている。

＊奈良へ東征する以前の，九州平定の事が，東征後の事として紛れ込んでいる！

・末子の神武は父と兄をアンカーとして宮崎に残して，一家全滅の回避をした！

≪宮崎とは…

　・「宮」＝「神武天皇」の意。

　・「﨑」＝（前＝祖先）の意＝「鵜葺草葺不合命」の意。

　∴鵜戸神宮の主祭神＝鵜葺草葺不合命≫

＊神武東征の出発地＝「高天原」（筑後川左岸）を発ち現・高千穂町に暫く居て，五瀬川を越え（避けて）耳川を下り美々津港（海軍発祥）の地から豊予海峡へ出る。

・宇佐の一つ上がりの宮に入り，関門海峡を岡湊へ廻り込む。東征であれば瀬戸内海へ直行しそうなものである。何故か…。
　畿内へ東征する前に筑後川右岸の平定をした記録である。

※大和三山，「天香倶山」・「畝傍山」・「耳成山」の最後は…。

＊「耳成山」も結論から謂って，「耳納山地・水縄連山」の隠蔽地名である。

・「天香倶山・畝傍山・耳成山」を詠んだ『万葉集』にその配置が示されている。

【『万葉集』巻 52】「藤原宮御井歌」柿本人麻呂作とも違うとする説もある。

・題が「藤原京」でなく「藤原宮」である事にも注視して頂きたい。

※「藤原宮」からの位置関係として詠まれている。

＊「香具山」＝「青香具山は　日の経ての」と詠まれて＝東経で東である。

・此れは奈良も九州も合致している。

＊「畝傍山」＝「畝火の　この端山は　日の緯の」と詠まれて＝北緯で
　北である。

・奈良の「畝傍山」は西に在り，不整合である。

※耳成山の久留米大学大矢野名誉教授の解説＜要約抜粋＞

　「やすみしし　わご大君　高照らす　日の皇子　あらたへの　藤井が
　原に大御門　始め給ひて　埴安の　堤上に　あり立たし　見し給へば
　大和の　青香具山は　日の経ての　大御門に　春山としみさび立てり
　畝火の　この端山は　日の緯の　大御門に端山と　山さびいます　耳
　成の　青菅山は　背面の　大御門に　よろしなべ　神さび立てり　名
　くはしき　吉野の山は　影面の大御門ゆ　雲居にそ　遠くありける
　高知るや　天のみかげ天知るや　日のみかげ　水こそば　常にあらめ
　御井の清水」

・「…耳成の　青菅山は　背面の」と詠まれて＝北斜面が見えるとは南
　に在る，と。
　奈良の耳成山は北に在り，不整合である。水縄連山（耳納山地）の事
　である。

・「…吉野の山は　影面の　大御門ゆ　雲居にそ」とも詠まれている。
　【『万葉集』巻52】「藤原宮御井歌は九州で詠まれたものである。＜抜
　粋終わり＞

＊「…雲居にそ」＝春夏秋冬朝昼晩降っても照っても雲が沸く「水縄山」
　の意。

・この詩の結句＝「水こそば　常にあらめ　御井の清水」とある。

・「御井の清水」＝三井郡御井町＝徳間清水・磐井清水・朝妻清水。

4. 『万葉集』の舞台

『壬申の乱の舞台を歩く』―九州王朝説― 大矢野栄次著（梓書院 2013）では，壬申の乱は近畿の近江ではなく，九州での出来事であった，と説かれている。

この著書に触発されて永年の謎が氷解した。九州の「二つの吉野」から…。

＊万葉集（二十五）「み吉野の…」の「み」の意味が何かを常々，考えていた。

以前から「吉野」の語源は「卑彌呼」を輩出した土地の意としていた。

・「吉野」＝“여신‐논”（yeo-sin-nun）＝「女神の野（棚田）」

・「吉井」＝“여신의”（yeo-sin-i）＝「女神の…」

・「田主丸」＝“당신‐마을”（dang-sin- ma-eul）＝「貴女（卑彌呼）の村」

「吉野ヶ里」も「女神の里」と何代目かの卑弥呼を輩出した土地であろう。

「み吉野」とは，高天原で初代「卑彌呼」が即位した所＝所謂「邪馬臺國＝邪馬壹國」＝水縄連山（耳納山地）北麓の事ではないか，と閃いた。歴代「卑彌呼」を排出した各地の「吉野」と区別するために「み吉野」と美称を附したのではないか。

奈良の吉野の宮滝には滝がないが，こちらには「調音の滝」が在る。

※25【三吉野之 耳我嶺尓 時無曾 雪 者落家留 間無曾 雨者 零計類 其雪乃 時無如 其雨乃 間無如 隈毛不落 念乍叙來 其山道乎】

《天武天皇御製歌》（読み下し＝『万葉集』鶴 久・森山 隆 編 桜楓社 より）

※「耳我の嶺」の「耳」は水縄連山（耳納山地）の意でもあるか，と。

＊「耳」かさなる。＝仍。『大漢語林』（大修館書店）。

＊「我」象形。もと，刃先がぎざぎざした戈の形にかたどり，借りて，われの意味を表す。（『大漢語林』大修館書店）

＊「我」＝我は鋸刃の刃物の象形で，鋸の初文。（白川静著『字通』）

即ち，山頂がノコギリの歯状を呈し下り尾根が幾重にも重なる，水縄
連山（耳納山地）の山容・山態を表現している。

※水縄連山（耳納山地）には雲にまつわる表現が数多ある。水縄連山（耳
納山地）は「春夏秋冬朝昼晩降っても照っても雲が沸く」。
山頂に白雲台，紫雲台，凌雲台，碧雲台，渓雲台の地名。

・古代倭語の"구름의"（ku-rum-e）＝「雲の…」が久留米の語源。

写真 2.2　春夏秋冬・朝昼晩，降っても照っても雲が湧く＝「元・出雲」

"구름의"（ku-reum-e）＝「雲の…」が「久留米」の語源である。
山頂の小峰に「白雲台，紫雲台，凌雲台，碧雲台，渓雲台」がある。

＊「時無曾　雪者落家留　間無曾　雨者　零計類」＝水縄連山ならでは，
と。

＊「念乍叙來　其山道乎」とは，天武天皇（大海人皇子）が進駐将軍の郭
務悰に面会するために水縄連山の麓の山道を辿っている，情景と。
天武天皇御製歌の「み吉野」の舞台が水縄連山ならば，古い万葉歌の
舞台も右へ倣え，であろう。紙面の都合で二つだけ披瀝する。

※244【三吉野之　御船乃山尓　立雲之　常将在跡　我思莫苦二】
「み吉野」が水縄連山（耳納山地）北麓のことで，この「御船の山」は
当然ながら「水縄連山（耳納山地）」の事を詠んでいる事になる。この
歌は柿本人麻呂の歌集にある。

水縄連山（耳納山地）は和船を伏せた様な山である。

【肥前風土記】の地名の由来に景行天皇御幸に事寄せた以下の一文が有る。

「日理の郷　郡の南に在り。昔者，筑後の国の御井川の渡瀬，甚広く，人も畜も，渡りここに，纏向の日代の宮に　御宇天皇，巡狩しし時，生葉山に就きて船山と為し，高羅山に就きて梶山と為して，船を造り備へて，人物を漕ぎ渡しき。因りて日理の郷といふ」。

・景行天皇が生葉山（水縄連山（耳納山地））を船山に擬えた故事から「御船の山」と。（『浮羽町史・上巻』141〜142頁にも同様見解が述べられている）

※19　綜麻形乃　林始乃　狭野榛能　衣尓著成　目尓都久和我勢
　　　　へそがたの　はやしのさきの　さのはりの　きぬにつくなり　めにつくわがせ

＊綜麻形（へそがた）の林のさきの狭野榛（さのはり）の衣に着くなり目につくわが背。

これは，額田王の「三輪山の歌」17・18に対して答えた井戸王の歌。「綜麻形」を「三輪山」と読む説もある。「綜麻形」とは「紡いだ糸の束」と。

・糸束⇔黒髪靡く「槵触嶽」。

・「三輪山」＝水"솨"(wa)山＝水来る山＝水生山＝水縄山の移転地名。

おわりに

邪馬臺國とは卑彌呼の居所説明文言の一部を中国正史の書記官が国名と勘違いしたもの。所在地論争を何百年重ねても見つからないのが道理である。その水縄連山（耳納山地）は神話の舞台でもあり，裴世清の謂う「邪靡堆」である。

『古事記』は「高天原」を天上界に隠蔽，朝鮮半島由来と水縄連山（耳納山地）が故地であることも隠した。太安万侶は後世の賢者が看破できる様に伏線

を敷いた。鍵は「天」を「あま」としたことである。私が地上のことに引き戻した。「天（あま・あめ）」の筑後弁訛が「山（やま）」である。「川（かわ）」＝"갔다‐왔다"（ka-tta-wa-tta）「行ったり来たり」する所，の意（56頁）。これの倒置形「若（わか）」＝"왔다‐갔다"（wa-tta-ka-tta）も同義「来たり行ったり」である。太安万侶は此処にも伏線を敷いている。

- 初代「神武天皇」諡号「若御毛沼命」の「若」も半島と来たり行ったりの意味である。

  別の諡号「神倭伊波毘古命」の「神＝韓」の当て字と観れば「倭（やまと）」＝「大日本（やまと）」＝「日本（やまと）」＝「天（あま）ン処」＝「天（あま・あめ）」の分国の意。

父親の「鵜葺草葺不合命」＝「大伽耶不統合命」で，半島倭人（伽耶諸国）の統合に失敗した，の意味である。

- 第二代「綏靖天皇」＝「神渟名川耳命」。
- 第四代「懿徳天皇」＝「大日本彦耜友尊」。
- 第六代「孝安天皇」＝「日本足彦国押人尊」。
- 第七代「孝霊天皇」＝「大日本根子彦太瓊尊」。
- 第八代「孝元天皇」＝「大日本根子彦国牽尊」。
- 第九代「開化天皇」＝「稚日本根子大日日尊」。
- 第十三代「成務天皇」＝「稚足彦尊」。
- 第二十一代「雄略天皇」＝「大泊瀬幼武尊」。
- 第二十二代「清寧天皇」＝「白髪武広国押稚日本根子尊」。

『古事記』は三十三代推古天皇まで。

- 第四十一代「持統天皇」＝「高天原広野姫」。これは，意味深である。

  天智の娘で天武の妃の御名が「高天原広野姫」とは…。

郡庁（楽浪郡徼＝帯方郡）から「邪馬壹國」への行程図

楽浪郡徼＝帯方郡郡庁
↓　　　從郡至倭海岸水行（郡治の海岸・千五百里＝六日）
↓　　　歴韓國乍南乍東　（陸行）
↓　　　（韓地＋狗邪韓國＝五千五百餘里＝二十七日半）≒二百里／日

狗邪韓國＝倭地まで（七千餘里）
　　　　↓　　（洛東江沖巨済島経由・水行二日）

「對海（馬）國」（千餘里）
　　↓　　（水行一日）

一大國（千餘里）
　　↓　　（水行一日）

末盧國（千餘里）
　　　　↓　　（東南陸行五百里＝二日半）累計＝萬五百餘里
　　　　↓　　（從郡至倭（郡使常駐の倭地）……水行十日陸行一月）

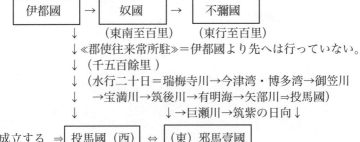

伊都國　→　奴國　→　不彌國
　　　↓　　　（東南至百里）　　（東行至百里）
　　　↓《郡使往来常所駐》＝伊都國より先へは行っていない。
　　　↓（千五百餘里）
　　　↓（水行二十日＝瑞梅寺川→今津湾・博多湾→御笠川
　　　↓　→宝満川→筑後川→有明海→矢部川⇒投馬國）
　　　↓　　　　　　　　↓→巨瀬川→筑紫の日向↓

以北が成立する　⇒　投馬國（西）　⇔　（東）邪馬壹國
　　　　　　　　　郡庁より萬二千餘里女王之所都
※倭（伊都國＝郡使常所駐）に至るには水行十日陸行一月。
※参問倭地…周旋可五千余里＝実際に郡使が観て廻った倭地は延べ五千餘里。
　狗邪韓國（千五百里＝逆算）＋三海峡横断（三千餘里）＋末盧國〜伊都國（五百
　里）＝五千餘里。韓地は方四千里《陸行六千餘里÷一月≒二百里／日》
＊郡使（魏使）は「伊都國」から先へは行っていない。

図2.1　郡庁（楽浪郡徼＝帯方郡）から末盧國〜伊都國への行程図（地図上）

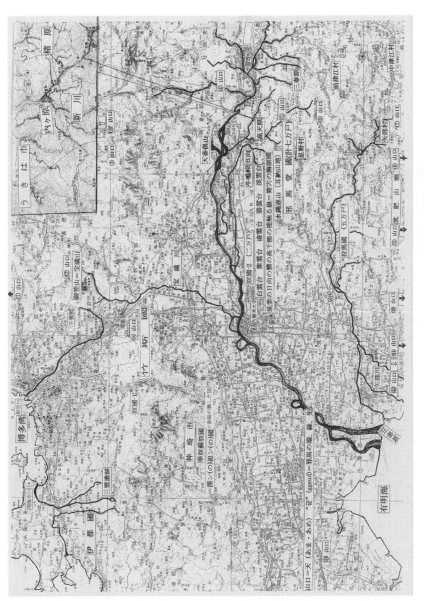

図 2.2　現代の地図と邪馬台国の位置

第3章　邪馬台国は高天原（2）

第1節　所謂「倭・倭人・倭国」の範疇は日本列島のみではナイ！

　朝鮮半島には古来，遍く「倭・倭人」の痕跡がある。

・檀君神話の古朝鮮建国の古地名「阿斯達」の「阿斯」は「倭語」の「朝」由来である。「達」も「嶽」の意の「倭語」である。「朝日に輝く嶽」の漢訳が朝鮮である。天帝の子，桓雄が地上に降りて建国した国である。人になりたがった熊と虎に方法を伝授した。熊は女人と化すが虎はなれずに逃亡した。この熊と虎とは倭族の「濊・貊」を疑う。この熊女と桓雄の間に生まれたのが古朝鮮初代王檀君王倹である。故に古朝鮮建国神話は「倭人」のものである。日本神話の「天孫降臨」の原型が此処に在る，と考えられるのである。

・中国の古書『山海経』に「蓋國は鉅燕の南，倭の北にあり倭は鉅燕に属す」と。蓋國を白頭山南麓の蓋馬高原と観ることができる。その南の倭とは朝鮮半島全域の事となる。この「蓋國」の「蓋」は「解・甲斐」に通じる。

・「扶餘」は「ふ（幸運の意の九州弁）餘（あまる）」の「倭語」漢訳と考えることができる。

・「高句麗」建国王の「朱蒙」は，漢に滅ぼされた古朝鮮遺民である。その誕生は卵生，夫餘王の「金蛙」が育てる。金蛙の「蛙＝倭」と同音である。「朱蒙（ちゅもん）」とは弓を能くする者の意＝「朱（矢の射出音）

蒙（もん＝者）」の「倭語」である。

- 「朱蒙」の姓は「高氏」である。高句麗とは「高（氏）のグル（仲間）」の意の「倭語」と考えることができる。

- 「高句麗」の古地名に「倭数詞」に因むものが在ることが知られている。此れこそは「倭語」話者の「倭人」が名付けた地名が残存しているのである。「倭数詞」は漢数字の書き方説明を「古代倭語（九州弁と朝鮮語に臍の緒を留める）」で述べたものである。＜後述＝63頁＞

- 「高句麗」壁画の相撲図＝丁髷（ちょんまげ）に褌（ふんどし），（財）日本相撲協会に継承されている。

- 「百済」＝朱蒙の皇子が建国。百済は「ペクヂェ」であって「くだら」とは読めない。「高 “딸”（ddal＝属する）羅」＝「高（氏）に属する国」の意の「倭語」である。この “딸”（ddal＝属する）は，『記・紀』にも「照・垂・足・帯」として多用されている。天照大神の「照」，阿毎多利思比孤の「多利」も同伝。＜後述＞

- 『三国志（魏志韓伝）』の国名の中に水縄山（みのやま）（耳納山地）と同義と思しき国名を発見した。それは「彌烏邪馬國（みおやまこく）」である。久留米の古老は「水縄山（みのうさん）」とは決して言わない。水縄山の古称に蓑尾山（みのおやま）がある。水縄も蓑尾（雨具）も水が滴る，の意である。高良山の古称「高牟礼山」も「“다가 - 물”（taka-mul）山」＝「集る水の山」である。「彌烏邪馬國」も「水生山國」＝「水を生む山」の意の「倭語」である。『韓傳』に記載されているが，元「倭地」＝「大伽耶國」，「狗邪韓國」，「駕洛國」に該当する。「大伽耶國」建国王「伊珍阿岐王」＝「伊奘諾尊」で「倭人（神）」と観ることができる。半島と列島に同じ地名があるのである。両方の「みの（お）やま」に区別をつけるために，定冠詞 “구름의”（ku-reum-e）＝「雲の…」を付けたのが「久留米」の語源である。水縄連山の山頂の小峰には「白雲台，紫雲台，凌雲台，碧雲台，渓雲台」がある。春夏秋冬朝昼

晩照っても降っても雲が沸く。「彌烏邪馬國」が在ったと比定する「高霊郡」は「高良山」と対応する。そこの地名に「箕山里」があるが「倭語」の「箕山」と同義であり、「星山面」ともあるのは「星野村」と対応する。

※古三韓の呼称に観る「古代倭語（方言と朝鮮語に片鱗を留める）」。

＊［馬韓］＝後の「百済」＝「朱蒙」の皇子が建国＝騎馬習慣を持つ国の意に因む「馬の国」の意か。この「韓」は現代の大韓民国とは無縁である。

①【干・汗・翰・韓】"han"《史》古朝鮮時代の君主。『民衆書林・韓日辞典』。

②「韓」＝族長の呼称"khan"。［チンギス・ハーン］等。

③【韓】"han"《中国の王朝名》。古代中国の七雄の一つ。秦の始皇帝に滅ぼされ、馬韓の奥地に入植。単独の「韓国」という国は古今とも存在しない。「大韓民国・大韓帝国」は後世出現した。以下同伝。

＊［辰韓］＝後の「新羅」＝"쉰 ‑ 라"（sil-la）＝「鉄の国」に因む。現代韓国朝鮮語の発音癖では「シルラ」であるが、文字面は「シンラ」である。「素盞嗚尊」が「高天原」を追放になり赴いた曽尸茂梨"쇠씨 ‑ 머리"（soe-ssi-mori）＝製鉄の頭（かしら）が居た「大伽耶國」・「拘邪韓國」・「駕洛國」である。「鉄の国」の意。＜後述＞

その首都とされる「徐羅伐」"쇠라벌"（soe-ra-beol）＝「鉄国原」、別表記の「徐伐」"쇠벌"（soe-beol）＝「鉄原」（直訳）である。

＊［弁韓］＝"변 ‑ 한"（byeo-n-han）の「弁」＝"벼"（byeo）は「稲」。これに"ㄴ"（n）を付けて"변 ‑"（byeo-n）の形は韓国語には無い。「倭語」の格助詞の「の⇒ン」の形で「稲の国」の意である。

所在については諸説あるが、栄山江流域の前方後円墳が分布する地域と観る。半島倭人が稲作をしていた所である。「稲」（いね）の

語源は 56 頁に掲載。列島の前方後円墳の影響とする説があるが，私は逆にこちらが先行する，と考えている。日本の考古学者の多くが，朝鮮半島に出土する倭系遺構・遺物を列島からの影響としか観ていない。古墳時代の時代区分そのものが，土器編年などの不確定要素であり，「邪馬臺國」畿内説でしか通用しない。

※所謂，渡来人（弥生人）とは「半島倭人」の事であり，縄文人と混血したのが現代日本人である。最近の遺伝子関係（ゲノム）の研究成果からでもそれらが立証されつつある。大いに喜ばしく，我が意を得た観がする。

※これら「半島倭人」が往来した事に因むとする地名が各地に点在する。

① 遠賀町 「遠賀」も古くは「オンガ」ではなく「オカ」と読まれていた。" 온다 – 가다 "(onda-gada) ＝「来る・行く」の縮約形であろう。岡・崗（福岡県）も同伝。

② 若松 " 왔다 – 갔다 "(watta-gatta) ＝「行ったり来たり」の縮約形(wa-ka) である。

「松」＝往来の無事を祈って「祀まつる」の意。

・戸畑（洞海湾） " 또 – 바다 "(tto-pada) ＝「又・海」の意。洞海湾も " 또 –海湾 " であり「又・海湾」。朝鮮半島から渡海して上陸して奥地へ進んだら，又海が在った，と。

③ 壱岐の島 " 잇 – 다 "(id-dda) ＝「結ぶ，繋ぐ」の語幹に " 기 "(gi) ＝語幹について名詞を作る名詞形の語尾。「繋ぎの島」（中継地の意）である。

④ 『三国志（魏志倭人伝）』にある「一大國」は「一支國」の誤記・誤写ではない。「一支國」の方は上記の意味である。

⑤ 沖ノ島 " 오 – 기 "(o-gi) ＝「来ること」ノ島。

　　半島から列島へ来るときの中継島，の意である。

⑥　隠岐　"오 – 기"(o-gi) ＝「来ること」，同上と全く同義である。

⑦　若狭　"와 – 가 – 사"(wa-ka-sa) ＝「行き来・使 (地方官衙の官位名)」か。

第2節　「古代倭語（方言と朝鮮語に片鱗を留める）」の語彙

1.　植物

(1) 桜（さくら）

「桜」＝漢字音では「オゥ」で意味は「ゆすらうめ」（『大修館書店・大漢語林』より抜粋）である。これが「さくら」と訓じられる所以は，未だ「暦」が無い頃の「農事暦」の役目であり，稲作と無縁ではないと思われる。"삭라！"(sag-la) は「耕せ！」で，田植えとも無縁ではない。

朝鮮語の "sag-" の語幹（『民衆書林・韓日辞典』より抜粋）である。

a)　"삭 – 갈이"(sag-ggari) ＝田植えの時になってやっと一度田を耕すこと。

b)　"삭 – 모"(sag-mo) ＝田を一度だけ耕して田植えする苗。

c)　"삭 – 심：다"(sag-sim-dda) ＝【農】田を耕してすぐ田植えする。

"sag-" のたった一音節の語彙に「掘削＝耕す」の意と，田植えとの関連を持たせている。「お花見の宴会」も，稲作農事行事として豊作祈願やこれからの農繁期への英気を養うのが目的であろう。

(2) 橘（たちばな）

「橘」＝漢字音は「キッ」音符の旁には「おどかす」の意味がある。

訓「たちばな」は何処から来たか。結論から謂うと「到致花」である。柑橘類の原種に近い物「橙・夏蜜柑類」の特性を表わしている。実が熟しても放置，次期の花が咲いても，成っている。「次の花に届く」。"닿다"

（tada）＝届く＝筑後弁の「たゥ」と同義である。他の如何なる成り果物も，過熟して腐って落下するのに。将にひとを「おどかす」に十分である。この特性「代々続く・繋がる」のを縁起ものとして，正月飾りの鏡餅・注連縄に「橙（だいだい）」が飾られる。「橙」が「だいだい」と訓じられる事の説明をも済ませたことなる。

＊「非時香実＝時を選ばずに香る木の実」との異称の意味とも整合性があると考えられる。

(3) 椿とサザンカ（山茶花）

「椿」＝「ツバキ」と「サザンカ」

＊ツバキ科ツバキ属の総称。

約250種あり，品種改良の園芸種は2000種。

・学名「Camellia Japonica Linne」は植物学者リンネ（1707〜1778）の命名である。

「Camellia」とは，西欧へ紹介した宣教師「ヨセフ・カメリア」に因む。

「Japonica」とは，日本原産という意味である。

・漢字の椿は「チュン」，「チン」で，別の想像上の樹木。春に咲くので借字である。

何故「ツバキ」かと日頃から，何時も脳裏に語源が引っかかっていた。山口県の椿の自然林に行った折，前年の実が割れた儘付いているのを見た。「二つに割れて種子が落ちる」仕組みになっているのに由来するのではないか，と考えている。

"두"（du）＝二つの意（語頭清音化⇒「ッ」）。

"빠－개－다"（bba-gae-da）＝「割れる」の意の語幹に名詞化語尾"이"

(i) 付加。この語幹との合成語で，「二つに・割れる物」で「ッ・バキ」である。

* サザンカ　学名「Camellia Sasanqua」

・［山茶花］　字音「さんさか」の転化。「山茶」はツバキの漢名〕ツ
バキ科の常緑小高木（『三省堂・大辞林』）

・「さざんか」は「さんさか」の誤転。中国名は「茶梅」。

（『大修館書店・大漢語林』）

「山茶花」の漢字書きはツバキの漢名の誤借用となる。

「サザンカ」＝「サンサカ」の誤転＝「三削果」か「三割果」か。

サザンカの果実は種子を落とす時，必ず「三つに割れる」からである。

(4)「豆（まめ）」

本来の漢音は「トゥ」呉音「ズ」。象形では頭の脹みと脚が長い，高坏
に象る。“메”（mæ）＝山の古語的表現（『民衆書林・韓日辞典』）。山は地上
に突き出ている。

ハングルの成字から（mæ）の二重母音「ま・め」の中間音。即ち，「ま
＝め」の意。「ま・み・む・め・も」の「ま」行は全て「脹らんでいる物・
出っ張っている物」の意を表している。

・「ま」＝眼（まなこ）。「な」は格助詞。「こ」＝“곳”（god）＝処。
「まなこ」＝膨れている所。格助詞が「ン」に変わると女陰の隠語
になる。

・「み」＝実，果実は殆ど丸く膨らんでいる。

・「む」＝「六つ」＝家屋に象る＝地面から突き出ている。陸に同義。

・「め」＝「目」，「芽」は膨らんでいる。「め一杯」＝「山盛り一杯」。
“메”（me）“곳”（god＝処）⇒「（お）めこ」＝女陰の隠語（関西弁）
になる。本来は卑猥語ではなく，品良く遠回しな表現であった。
鹿児島（薩摩）弁の「饅頭」も「まん所（処）」の転で同伝。
筑後弁の「蝶々・まんげ」も同伝。“-게”（-ge）＝…の所を表す語。

56

・「も」＝幼児の排便の始末の時「も」せんね＝お尻を突き出せ。

(5)「稲（いね）」＝漢音は「とう」

“잇 - 따르다”（id-dda-reu-da）＝引き続くの語幹“잇 -”と

“내 - 다”（nae-da）＝「生ずる」の合成で“잇 - 내”（id-nae）＝

「続けて生える」の意。稲の切り株からは，蘗（ひこばえ）が芽吹く。

(6)「杉」＝“쑥 - 이”（ ssuk-i）＝「すっくと」の語幹“쑥 -”に名詞

形語尾の“- 이”が付いたもの。杉の木はすっくと立っている。
故に正式呼称は「すぎのき」となる。

(7)「松」

“메”（mæ）＝山の古語的表現，に「つ」＝「（格助詞）体言または体言
に準するものについて連体修飾語をつくる「の」。「まつ＝山の…」の意。
故に樹木としての正式呼称は「まつのき」となる。「門松」の飾りから
古代製鉄用の木炭の原料が想定される。

2. 動物

(1) 兎（うさぎ）

「兎」は漢音「ト」呉音「ツ」である。朝鮮語では“토끼”（to-ggi）である。
語源は諸説あり，高句麗語の「烏斯含（おさがム）」ではないかとも言われている。「長
（おさ）“귀”（gwi ＝耳）」⇒「長耳」の意。ならば「烏斯」は「倭語」である。

(2) 亀（かめ）

「亀」は字音「キ」，漢音「キゥ」，呉音「ク」である。
朝鮮語音“귀”（gwi）。朝鮮語“거 - 북”（geo-bug）＝「巨腹」。

“ 가 - 메 ”（ka-me）＝「行く山」。甲羅の山の形が動く山, と。“ 메 ”（me）＝山の古語（『民衆書林・韓日辞典』）の語源は後述する。

(3) 鶴 (つる)

「鶴」は漢音「カク」呉音「ガク」である。朝鮮語 “ 학 ”（hag）は漢字音。“ 들 ”（deul）＝野原, 野良（『民衆書林・韓日辞典』）。

筑後弁に田圃の意「鶴」が在る。地名にも「鯵坂鶴」, 沖津留, 三津留川, 加賀鶴, 榎釣, 山ノ釣, 湯ノ釣などがある。すなわち,「鶴」は,「田圃に居る鳥」の意となるのである。

幼少の頃聞いた古老の会話「どけ（何処へ）行きょると（行ってるの）？」, と聞かれた人が「つルに（津留に）」, とショーケ（笊＝ざる）と鍬を担いで答えた。聞いた時は会話の内容が理解できなかった（魚を釣りに, ざると鍬？）。実は「水田に行く事だった」と今にして理解できる。

(4) 龍＝辰（※派生語「手」「鉄」）

「龍（た・つ）」。

“ 다 ”（ta）⇒「すべて, 皆, 全部, 残らず, 漏れなく, 悉く, つぶさに, すっかり, なんでも, 殆ど（『民衆書林・韓日辞典』）」である。筑後弁も同じ意味がある。

猫が傷んだものを食べて,「胃袋を裏返しにした様に吐く」のを「タ吐き」と謂う。「つ」＝「（格助詞）体言または体言に準ずるものについて連体修飾語をつくる「の」（『三省堂・大辞林』）。故に,「総ての…」の意味である。

「龍, 辰」 は, 動物の総ての武器を備えているという意味である。鹿の角, 狼の牙, 鰐の顎, 鷲の爪, 甲冑の様な鱗。水中にも潜れ, 天翔ることも出来る, 万能（全ての機能）を保持している。

　※「手（て）」＝前項≪「龍（た・つ）」の“ 다 ”（ta）＝「すべて, 皆,

全部，残らず，漏れなく，悉く，つぶさに，すっかり，なんでも，殆ど》，から万能の働きの意の変形として派生したか，と疑っている。手の働きは万能である…。原型は「手綱(たづな)」に残っている。

※「鉄（てつ）」 古字は「銕」で，東夷の金属の意の会意文字である。これは，「夷人の金属」の意である。古代製鐵の創始者は倭人であった可能性があるということになるのである。

＊「銕」の音符としての旁の音は「イ＝yi」である。

　　朝鮮語は" 철 "（cheol）で，「テツ」の音価は朝鮮語由来ではない。会意の「銕」の発音が"yi"，" i "ではなく"tie"と" t "子音が付くのは，以下の「倭語」に由来するのではないかと思われる。

「手つ」＝手の中に隠し持てる程度の小片で，獣の皮を切り裂いたり，魚の腹を開いたり出来る。武器としても「小型高性能」の意。本来は黒曜石に付いた呼称からの転か。即ち，「鉄」は黒曜石の模造品から派生したのではないか，と考えられる。

※以上は，古代製鉄実験をして見て実感したことである。

＊耐火煉瓦を空積みした簡単な炉で実験した。木炭を熾し送風機で火勢を上げて砂鉄を投入。1000℃には達していないと思われるが，砂鉄は溶けた。冷えて固まったものは，叩くと割れるが磁石に反応する＝人造黒曜石である。割れた破片を再加熱したら，叩いても割れない固まりが出来た。鉄である。これが，蹈鞴（たたら）製法である。

∴アイアンロード経由以前に「倭」では野多々羅みたいな製鉄があったのではないか，と観る。その名残とも取れる民俗行事があった。

＊それは「大畝火焚き」（おおねびたき）である。冬の用水路が渇水している処での子供（中学生以下）が主役の焚火である。集落ごとに例年同じ場所で行われていた。子供らは集団で水縄連山（耳納山地）

に薪を取りに行く。件の用水路に取って来た薪を山積みする。夕方に着火して一晩中，徹夜で燃やす。明け方，残り火の灰を持ち帰る。その灰の中に「幸」が在る，と考えられている。

≪ 此れは，筑後川の氾濫域で梅雨時の大雨，台風シーズンの大洪水などにより，上流から流れてきた大木の風倒木や切り株が取り残される。現代では，チェーンソーや伐採用重機で簡単に除去出きるが…。古代にはその様なものは無い。どうするか，簡単である。冬の渇水期に乾燥した流木に着火する。火は北からの強風に煽られ十日も半月も燃え盛る。流木の下流には，比重が重い砂鉄が堆積している。比重が軽い泥土は下流まで流されて有明海の干潟を形成する。

・溶けて冷えて固まった砂鉄は叩けば割れ「人造黒曜石状」になる。磁石に反応する。この割れて鋭利な物が「大畝火焚き」の残り灰の中の「幸」に擬えられているのである。鋭利な部分を取った残滓を再加熱すると，叩いても割れない物「鉄」が手に入る。私が実施した製鉄実験結果である。≫

・「手つ」の「つ」は，［（格助詞＝前述「龍（た・つ）の項」）に同じ，「沖―鳥／記上」「上―瀬／萬三九〇七」「遠―神祖／萬四〇九六」〔上代の語。ただし，上代でも用法はやや固定化しており，中古以降は「夕っ方」「まつげ」など，複合語中に残存形をとどめる〕（『三省堂・大辞林』）］

＊民俗行事があった（前述）と過去形で述べたのは，或る年の「大畝火焚き」の際に焼死事故が起きて，以降廃止になったからである。

(5) カチガラス

鵲（かささぎ）の事であるが…。この鳥は常に番（つがい＝雄と雌）が一緒に行動する。「“같이”（gachi）一緒に」＋カラスの語頭清音化。

豊臣秀吉の朝鮮出兵の際持ち帰った，「勝ちカラス」の縁起ものとの逸

話があるが，こじ付けである。

3. 自然

(1) 月 (つき)

朝鮮語 " 달 " (dal)， " 월 " (weol)。漢音「ゲツ」呉音「ガツ」。

古来，月には兎が棲むという。子供のころ，兎が餅つきをしている，と聞かされた。月を指差して " 토끼 " (to-ggi＝兎) と言ったのが「つき」か。

(2) 山＝朝鮮語でも中国語でも "san" であるが…。

・" 메 " (me) " 山の古語的表現 " (『民衆書林・韓日辞典』)。

＊「山」が「山 (やま)」なのは「天 (あま・あめ)」の筑後弁訛りである。
筑後弁では，「蟻」(ぁり) を「ヤリ・ィやり」と訛る。
やま「山」は，「高天原」＝水縄連山 (耳納山地) の専用だったのが後に，他の山にも敷衍された。

・「め・一杯」は，山盛り一杯の意。この母音は "e" 現代語での表記であるが，母音字から "æ" であったと思われる。故に「あま・あめ」の両方に読まれる。

(3) 川 (河)

「川」は字音「セン」・「河」は漢字音「カ」呉音「ガ」。朝鮮語 " 강 " (gang)。古代には道路は整備されていない，河川は高速道路なみの感覚であろう。" 갔다 - 왔다 " (ka-tta-wa-tta)「行ったり来たり」する所，の意の縮約形。

筑後川の畔の朝倉市には，「恵蘇宿八幡宮」がある。「ゑそんしゅく八幡」＝「曳船宿」の訛りである。

日田市にも「余所八幡 (えそ) 八幡」があり，同伝。下りは流れに乗る，登りは舟を曳いたという往来の名残りである。

　倒置形の「若・稚・幼」も，"왔다 - 갔다"（wa-tta-ka-tta）「行ったり来たり」
の意で，歴代天皇の和風諡号にも。朝鮮半島の「倭地」＝「拘邪韓國」，「大
伽耶國」，「彌烏邪馬國」「駕洛國」と行ったり来たり。＜後述＞

(4) 方位

イ）"아・앗"（a・ad）＝平面は「端・東」，立体的には「上・上方」と。
　根拠は，筑後弁の　礼拝詞「アッ」から閃いたが…。朝日，月の出を拝
　む時，敬服する方（村長・駐在）と遭遇したとき，最敬礼して「アッ」と
　いう。

　＊「朝」は漢字音で「ちょう」である。「あ（東）さ（処）」＝夜が明け
　　る所。朝（あした），明日（あした），（夜が）明ける，皆「あ」が付く。

　＊檀君の朝鮮建国神話の「阿斯達（あさだる）」の「阿斯（あさ）」も「倭語」の「朝」が疑
　　われる。「達（たル）」＝「嶽（たけ）」の意とする説（故・金達寿）があるが，「倭訓」
　　であろう。
　　「嶽（たけ）」＝漢字音「ガク」であり，朝鮮語＝"악"（ak）であるから「倭
　　語」。「阿斯達」＝「東の山」で「朝焼けの山」でもあり「高天原」と
　　同義語である。

　＊「天（あま,あめ）」は，「東・山（前項）」「国の東の聖なる山」の意。「山」
　　が「やま」なのは「天（あま）」の筑後弁訛りである。「蟻」は「やり・ィ
　　あり」と訛る。「東の聖なる山」＝「水縄連山（耳納山地）」限定用語だっ
　　たのが一般の「さん」に敷衍したものであろう。
　　"아침"（a-chim）＝朝，あした＜雅＞（『民衆書林・韓日辞典』）。
　・安心院（大分県宇佐市）は，九州島の朝がくる方位でもある。
　・阿波（四国の東）・阿漕が浦（紀伊半島の東）・安房（房総半島の東端）。
　・阿久根は狗奴國の南端の意となる。

NHKハングル講座（ラジオ）　講師イ・ユニ先生　2007年4月号
10〜11頁。

［ハングル物語―母音字はどうつくられたか］

母音字は「陰と陽の調和」という自然の法則を基に作られています。

母音［a］＝「天（太陽）が人の 東 」→朝の明るいイメージ，と。

≪一部抜粋≫

ロ）" 서 "（seo）＝西。（『民衆書林・韓日辞典』）

「東・西彼杵郡（そのぎ）」⇒「長ノ崎（ちょのぎ）」＝長崎の語源。「邪馬
壹國」の西の意。

・佐田岬＝（seo-ttang）岬は四国最西端。

ハ）" 사 "（sa）＝南。巳（十二支の第六『民衆書林・韓日辞典』）。佐多岬＝（sa-tang）
岬は，九州最南端。

「薩摩」＝" 사 "（sa）「投馬（つま）國」＝「狗奴國」を挟んだ南の飛び地。

薩摩の北端に接する「阿久根」＝" 아 "（a）狗奴＝「狗奴國」の端の意。

ニ）" ㄴ "（no）＝北，北方（船乗り用語＝『民衆書林・韓日辞典』）。

・能登半島＝（no-ttang）半島は，北へ突き出ている。

・能古（残）島は，博多湾の北に在る。

ホ）" 아 （a） 서 （seo） "＝東西。

阿蘇山は九州島の東西の中心という意味である。

浅茅湾は対馬を東西に抜けるという意味となる。

また，阿蘇海は天橋立の砂洲で宮津湾と東西にし切られている。

(5) 相撲（角力）

語義から「あい・なぐる」の文字が当てられているが…。

「角力」も「力比べ」の意であり，どちらも「すもう」とは読めない。

旧仮名遣いで「すまひ」としているが「すまゑ」が語源か，と考えられる。

①　"수마"(su-ma)【手馬】歩兵戦のため騎兵がおりて空いている馬（『民衆書林・韓日辞典』）

②　"마예"(maye)【馬藝】騎兵武芸（馬上才）（『民衆書林・韓日辞典』）

①＋②の合成か，「素手」の「素」＋②であろう，と。即ち，騎兵が馬上組討の鍛錬を，馬に乗らずに地上で行ったのが原点か。お互いが馬首の右から組み合ったら「右四つ」だし，馬首の左で組み合ったら「左四つ」である。

それだけを取り出して，実戦回避の神前勝負にしたのが「相撲」の始まりか，と考えられる。

「争（すま）ふ」もその転か，と。高句麗の壁画に，褌姿で髷を結って裸で組み討ちをしているのがある。

＊行司の掛け声の「ハッケヨイ！ノコッタ！」は，不自然である。勝負の途中で，中間判定をする筈がナイ。

・「ハッケヨイ！」＝「早や，蹴合え！ヨイ（呼び掛け）」，最初と動きが止まった時の掛け声である。

・「ノコッタ！」＝"너-겁다!"(neo-geob-ta)＝「お前，怖気た？」である。現代の行司は，力士が激しく動いている時に「ノコッタ！・ノコッタ」と，けたたましく叫んでいるが，本来は動きが止まった時の掛け声である。

(6)「歌舞伎」

＊「歌舞伎」とは，平成10年11月12日,野村万之丞（早大講師・野村耕介）氏がNHKのスタジオパークで「かぶく（傾く？）舞いの所作，手の返りの様」（概略）を言う，と述べていた。当たらずと雖も遠からずか。

※【自説】出雲の「阿国」が創始で，風紀紊乱で禁止となる。

64

これは，荘厳な御神楽や能（猿楽能・田楽能・延年能）など舞台芸能に比べ，河原などで「軽々」に演じられるものを指して言ったのが始まり。

- “가불‒거리다”（ga-bul-geo-ri-da）＝しきりに軽々しく振舞う，そそっかしくふざける。
- “가붓‒하다”（ga-but-ha-da）＝ほど良く軽い。
- “가분‒가분”（ga-bun- ga-bun）＝ほど良く軽いさま，言動が軽々しいさま。

＊以上の語幹（語頭清音化）に名詞形の語尾“기”を付けたものか。それにしても，「歌舞伎」とは，絶妙な当て字である，と感じ入る。

※筑後弁「こぶれ・こびる」＝「軽い食事の意・小昼」も同義語か。農作業の時，昼食と夕食の間に畦道で摂る軽い食事。

(7) 日暮れと日の出

＊黄昏（たそがれ）とは。
- “다”（ta）＝全部。
- “서”（seo）＝西，西方。
- “갈래”（gal-lae）＝行くよ。

＊即ち，太陽が完全に地平線に隠れる事を指している。

＊明日香＝飛鳥（あすか）とは。
- 「飛」＝“날”（nal）＝日・日にち，の意（『民衆書林・韓日辞典』）と同音異議語。
- 「鳥」＝“새”（sae）＝新しいの意を表す語・新しい（『民衆書林・韓日辞典』）と同音異議語。

∴ 飛鳥＝日が新しい＝明日香＝「夜明け」＝日田市＝「高天原」の東の意の移転地名。

＊明日香の「香」＝住処（か），在り処（か）の当て字である。

(8) その他

《翻訳語》（重ね言葉），語幹を同じくする語句。

＊「さ・し・す・せ・そ」の音価は全て「鉄」“쇠”（soe）の意に関係。

・“쇠”（soe）＝「①鉄；真金＜雅＞②金属の総称」『民衆書林・韓日辞典』

・須恵器＝“쇠₋기”（soe-gi）＝鉄の様に硬い器，鉄色した器の意味である。

・指し規矩＝金属製の曲尺（大工道具＝元来は木製だった？）

・サバ虫＝“쇠₋바”（soe-ba）虫（ウジ虫）＝鉄の釣り針用の餌の意。骨の針には刺さらない。幼少の頃，何故サバ虫と言うのか訝っていた。魚の鯖にウジ虫をわかせるからか，とか。

・注連縄＝“쇠₋메”（soe-me）縄＝鉄山縄（直訳）＝製鉄の聖域表示か。玄関に飾る正月の縁起物は，下記の「蘇民将来」の故事と無関係ではないと思われる。即ち，この家は「素盞嗚尊」の息が掛かった家である，の意となる。

　門松の「松」も56頁，1.（7）山の木の意で，製鉄用の木炭に関係している，と観る。

・倭王「帥升」＝“shuai–sheng”＝“쇠상”（soe–sang）＝鉄上＝製鉄王＝「素盞嗚尊」（『後漢書』後述）。

・曽尸茂梨“쇠씨₋머리”（soe-ssi-mori）＝製鉄の頭（かしら＝おさ）。「素盞嗚尊」が「高天原」を追放になり，新羅の曽尸茂梨の処へ行く。（後述）

・諏訪＝“쇠₋와”（soe-wa）＝「鉄・来る」（直訳）。長野県の諏訪地方は古代から黒曜石の産地である。黒曜石の「古代倭語」が“쇠”（soe）では無いか，と閃いた。

　そうであれば，57頁，2.（4）龍＝辰（※派生語「手」「鉄」）の説明が俄然信憑性を増す。

・「蘇民将来」＝「素盞嗚尊」が出てくる物語が本題であれば，この「蘇」は“쇠 -”で「鉄」の事と成る。（帥升の項参照）

＊「たたらを踏む」

・「蹈鞴」⇒“타다라 !”（tatara!）＝「踏め！・燃えろ！」。
“더 - 타다 !”＝もっと踏め！・もっと燃やせ！＝製鉄の長の号令か。
蹈鞴製鉄の足踏みフイゴの操作用語。「神武天皇」の妃の名の
媛蹈鞴五十鈴媛とは，製鉄集団の有力者の娘の意である。

＊「滅法辛い」⇒“맵다”（mep-ta）＝辛い。

＊「経めぐる」⇒“헤매다”（heme-da）＝迷って巡る？

＊「ウラ悲しい」⇒“울 ; 다”（ul-da）＝悲しい，泣く。

＊「ダダ走り」⇒“닫다”（tatta）走り＝九州弁の「韋駄天走り」。

＊「熟し柿」⇒“숙시”（suk-si）柿。

＊「べっと吐く」⇒“뱉다”（petta）＝吐く。

＊「しれしれ笑う」⇒“실실”（silsil）＝笑う。にやにや笑い。

＊「ウドの大木」⇒“우뚝”（u-dduk）＝高く聳える。

＊「しる（ろ）しィ＝嫌だ」⇒“싫어”（sil-o）＝嫌だ。大儀だ。

＊「スメ」＝素麺・蕎麦の付け汁＝“즘 - 의”（sum-e）＝汁の。

＊「神奈備」＝「神」“납입 -”（nabip）＝「神」が納まっている＝鉄製農具・
武具の格納庫か。必要時に貸し出し，使わない時は一括管理をしてい
た，か。その為，畿内では「鉄」の出土が少ない。

＊「ガメ煮」＝「筑前煮」⇒“감 - 매”（kam-me）＝黒い様子やなりふり。
筑前煮は酒・味醂と醤油で煮る⇒黒っぽく煮上がる。（水を使わずに調理
する）

＊「メ・一杯」＝“매”（me）一杯＝山盛り。

＊「ツ・一杯」＝“뚜”（蓋）まで一杯。（甚だしく沢山）

＊「〜け」（理由付けの用語＝〜から）＝“〜게”（ge）。

・“나 거기 서있을 게요”＝「私そこに立っている　から（け）」。

・“깨끗이 씻어 드릴 게”＝「綺麗に洗ってあげるから（け）」。

＊「…とに」＝“…더니”（-to-ni）＝終声の無い体言に付いて過去を回想して感傷的に現在の事実を表す終止形連結形叙述格助詞：「…だったのが〔のに〕：…だったけれど」の意。

・“₋ 더니”（-to-ni）＝過去を回想して或る原因や条件をあげ次にその結果を表す語をともなう連結語尾：「…だつたが，…していたのに，…していたが」の意。（『民衆書林・韓日辞典』）

＊「チンチン」＝“딩딩 ₋ 하다”（ding-ding-hada）＝力が強い，ぴんと張っている，しっかり安定している。

・“떵떵”（dding-dding）＝ぴんと堅く張って膨れているさま，ぴんぴん。

・“팅팅”（ting-ting）＝膨れ上がったさま。

成人男性器の状態を遠まわしに表現している。即ち，幼児語とか猥褻語ではなかった。逆に幼児の男性性器は「ちんぽ」。「チン甫」＝「チンチンに成り甫（はじめ）」の意。

＊「米（こめ）」漢音「べい」呉音「マイ」である。

“크지 않은메”（kuji-anun-me）＝「大きくないめ（・）（前項，ま＝め）」の語頭母音の“u → o”の変換に，語頭と語尾の縮約した物であろう。豆より大きくない「こ・め」である。筑後弁に，「小さい物」の意の「こ〜めッ（格助詞）」があり，それを裏付ける。

＊「乳（チチ）」＝漢音「ジュ」呉音「ニュウ」である。

・“지지리”（ji-ji-ri）＝ひどく，この上もなく，甚だ，至って。筑後弁の強調の意を表す接頭語「チチ…」。

≪用例≫普通文＝「落えた」⇒強調文「さでくり，チチ落えた」と。女陰が「膨れている所」としたが，それよりも「ひどく・甚だ」膨

れている所の意で付けた接頭語の一人歩きか，と。

＊「よだきぃ」＝「疲れる・疲れた」＝"여독이"（yeo-dog-i）＝「旅毒」
＝旅に拠る疲れ，の意。

＊「遅い！」＝"어서"（eo-seo）＝「速く！」と急かす時の掛け声。

＊「のさん」＝"노상"（no-sang）＝労傷＝苦労したため心身を傷付け
る事＝筑後弁で「やってられない！」の意。

＊「むぞ・かァ」＝"무섭다"（mu-seob-da）＝恐ろしい（目に遭っている）
＝可哀そう，の意の筑後弁。

＊「ぬくい」＝"눅다"（nug-dda）＝（寒さが）和らぐ＝暖かい，の意
の筑後弁。

＊「ぬれーっと」＝"느리다"（neu-ri-da）＝のろい，遅い，の意の筑後弁。

＊「嘘」＝"웃었다"（ud-sotta）＝「笑った」であるが，嘘をついた人
の目が笑っている様を指摘していう言葉。Etc…

※以上，数々の語彙を列記したが，枚挙に暇がないのでこの辺で筆を擱く。

4. 「倭数詞」（一つ，二つ，三つ……，九つ，十ッ）

漢数字の書き方説明を「古代倭語（方言と朝鮮語に片鱗を留める）」でしたもの。

（ⅰ）「ヒ・フ・ミ・ヨ・イツ・ム・ナナ・ヤ・ココ・トオ」

これは省略形。本来は「ヒト・フタ・ミッ・ヨッ・イツ・ムッ・ナナ・ヤ・
ココノオッ・トオ」。「ヒト（ッ）」の（ッ）は助数詞である。これを自説
として暖めていて未だ幾つかの解明が残っている頃，李寧熙女史が『数詞
の語源新解読・一・二・三・四…十から百・千・萬まで』を発表された。

「李寧熙後援会」会報『まなほ』第6号2000年皐月2000年5月31日
発行

即ち，先を越された訳だが，私の論拠とは異なるし，［著作権は侵害し

ていない]。

　≪女史は「数詞の意味に高句麗語を反映」（大意）とされる。≫

　※李寧熙女史の論拠要約抜粋（会報『まなほ』第6号より）

・日本の数詞は高句麗の数詞

日本と高句麗の数詞が「一部対応する」ことは，日・韓両国の学者によって度々指摘されてきた。（地名の一部に使われている）三・五・七・十の四語が，よく似ているというのである。典拠は『三国史記』の雑志地理扁。これには高麗の地名，それ以前の三国時代（新羅・百済・高句麗の三国が併立していた時代・紀元前一世紀から七世紀後半まで）等の地名が併記されていて，この比較記述から古代三国の言葉が浮かび上がる。高句麗の数詞は，数を示す漢字の義を高句麗語であらわしたものと思われる。

（李寧熙）

≪私は「漢数字の文字の書き方を古代倭語（九州弁と朝鮮語に臍の緒を留める）で解説している」としている点である。≫

　若しも，女史の主張の通りであれば，倭数詞「一つ，二つ，三つ，四つ……，十」は，朝鮮固有数詞として，現存しなければならない。倭数詞として現存するには，其れなりの理由が在るはずである。尚，「…・つ」の助数詞の語源解説は後述する。

・【一】⇒「ひと・つ」

　　「真一文字」とか「一直線」の状態を謂う副詞語の「ピッと」。

・【二】⇒「ふた・つ」

　　単純に「一」の上にもう一つ「一」が「蓋」に付く。

・【三】⇒「みっ・つ」

　　「二」の「下に」＝"밑"（mid）と指示。

- **【四】**⇒「よっ・つ」

  甲骨文字などの古い字形「亖」の漢字書きの説明。「三」に更に「一」と。"옆‐발치"(yeob-bbal-chi)＝「寝ている人の足下」の語幹"옆‐"である。「三」の足下にもう一本,である。因みに,"옆‐"には「横」の意も。

- **【五】**⇒「いつ・つ」

  古字は「メ」で「×」に近い表記。「二」の上下線を天・地と見做してその間に「メ」を書いて「五」である。漢字の語義「天地に作用する五つの元素（木・火・土・金・水）」。即ち,天地を「結ぶ・繋ぐ」⇒"잇‐다"(id-dda)の語幹から「いつ」である。

- **【六】**⇒「むつ・つ」

  「六」は家屋に象る,という（『大修館書店・大漢語林』）。

  「六」は,家屋の象形であれば,地上に突出しているし,「陸」も海上に突き出ている。九州弁で幼児の排便の始末（お尻を拭く）の時「もぅ」しなさいという。「前屈してお尻を突き出す」。朝鮮語"모"(mo)＝「角,物のとがって突き出た部分」（『民衆書林・韓日辞典』）と同義語。"뭍"(mo)は古代倭語であり,(mu)に母音変換して,「陸」の意の"뭍"(mud)＝「陸（むつ）」。

- **【七】**⇒「なな・つ」

  ※甲骨文は,刃物で縦横に切りつけたさまから,切るの意を表す。借りて数のななつの意味を示す（『大修館書店・大漢語林』）とあるが…。「七」⇒「乇」の文字解説が考えられる。篆文の「乇」の横一文字は「地面」を,その下へ伸びる折れ曲がり部は「根」を,上に出て垂れ下がっているのは,「葉」の芽吹いた形に象る,と。地上に出始めた草の葉（『大修館書店・大漢語林』）。

  「出る」の意の朝鮮語"나가다"(na-ga-da),"나오다"(na-o-da)

の前に，更に「出る」の連体形 " ㄴ -"（nan-）を付けて，「出だす」
(nan-na-o-da）ではないか，と。朝鮮語の文法上無いとか，辞書形
に無いとの批判は，「古代倭語が語源なればなり」としてかわそ
うか，と。

・【八】⇒「や・つ」

二つに分かれている物の形に象り，分かれるの意を表す。借りて，
八つの意味に用いる（『大修館書店・大漢語林』）。

私は，「鏃」の先端の形状から単純に「矢」であろう，と。矢羽
根も八の字だし…。もう一つ，弓矢を放つ動作で，弓に矢を番え
た時の両肘は「八」の字になり，漢字の「射」の字音にも「ヤ」
がある。

・【九】⇒「ここの・つ」

「十」の手前である事の説明。結論から謂うと，" 컸 - 건（ノ）乙 "
(keod-geod-no-otsu）。" 커 ・ 컸 "（keo　keod）は，「大きく（なっ
て)・大きく（なった）」の語幹で，「一」の位より一桁上になる「十」
を意味し，" 건 -"（geod）は「取り除ける・取り去る」の意の語
幹。「乙」＝「一つ，一」（『大修館書店・大漢語林』）。即ち，『大きい
位「十」から，取り除ける，乙（一）』であり，字形「九」は「乙・
ノ」に分解できると謂うか「ノ・乙」で「九」の字形は成り立っ
ている。朝鮮固有数詞の，九つ " 아홉 "（a-hob)「アホッ＝阿呆」
は少し足りない意の「倭語」か。

・【十】⇒「とお・つ」

「橘＝到致花」項で触れたように，「到る」の意の " 닿다 "（data）。
九州弁の「タゥ」はこれと同義で，一桁上の数値に「届く」
＝「十」（タゥ＝トォ）であろう。

72

＊「…つ」は，助数詞

　※数えで歳をカウントし，正月が来る事を「歳取り」と謂う。

　※“돌”(dol)＝「生まれてから毎年めぐり来るその日：誕生日」(『民
　　衆書林・韓日辞典』)。廻る，回転する，等の意の語幹でもある。

　　この“돌”(dol)の母音“o →　u”の変換と末尾子音欠落。

　　元来は年齢用助数詞であった，と解る。(語頭＝清音化)

（ii）　①「チュウ・チュウ・タ・コ・カイナ」と②「ツ・ツ・タ・ケ・トォ」とは。

①　の方が全国版か？。大辞林・三省堂にも記載がある。「二・四・六・八・
　十」の数取り語である，と。

②　の方は，九州限定版か。筑後地方も母方の祖母 (佐世保) も使っていた。
　結論から言うと，朝鮮固有数詞とされるもので説明が付く。

・“두”(tu)＝二・二つ。

・“다섯”(da-seod)＝五・五つ。(語頭清音化)

・“개”(gae)＝ヶ，箇，個。(連音化しない場合の語頭は清音化)

　「“두”(tu)・“두”(tu)・“다섯”(da-seod)・“개”(gae)・十(トォ)」
　と唱えていたのが訛った。「二つ，二つ (…が)，五ヶ (で)，十 (トォ)」
　である。

①　は，これが更に訛ったか幼児語化したのと，「ヶ」が「箇」と成って
いる。「十」に該当する部分が「カイナ」であるが，「腕 (かいな)」で両手
指の「十本」か。

　朝鮮固有数詞も古代倭語と無縁ではないのではないかとする所以であ
る。

※朝鮮固有数詞で「一」は「ハナ」，日本語の最初の意も「初っ端（ぱな）」。

「花（はな）」の訓も本来「梅花」と「桜花」の意で季節の最初に咲く，のと葉より先に咲くの意からで同義。筑後の民俗行事（祇園神社の春祭り等）で御神輿とか獅子舞で氏子が町内を回り，ご祝儀（金一封）を頂くと「花の御礼申し上げます」という。これは，「先立つもの＝お金」との意であろう。「鼻」も顔の最前方に在るからか。

※合唱の歌い始めの掛け声に，「三・四」（さん・し）と言うのがある。

＊力を合わせる時の掛け声「せー・のッ」＝ “세・네”（se·ne）は「三・四」。

＊九州弁の「しなさい」＝「センノ（ネ）」＝ “셋・넷”（sen·net）＝「センネ」で「三・四」の変形である。

(iii)「だ・る・ま・ん・が・コ・ロ・ン・ダ」もテンカウントである。

面壁三年の座禅の修行で脚が萎えて歩けない達磨禅師が転ぶ訳がない。

「ダルマさんが，“걸었다”（geol-on-da）」＝「ダルマさんが，歩いた！」と驚嘆しているのである。

●福島雅彦プロフィール

＊昭和 15 年 4 月　植民地時代の日本標準語教育者を父に台湾で生まれる。

＊昭和 21 年　父の故郷の旧浮羽郡に帰国。即、小学校入学で筑後弁の洗礼を受ける。

[所属]

筑紫古代文化研究会・久留米地名研究会・吟道光洋会

禎良親士（征西将軍舌＝土水山大円寺・終鳶の地）顕彰会

元・邪馬台国連絡協議会ほ t 立発起人）

（元）全国邪馬台国連絡協議会（設立発起人）（元）佐賀県徐福会

（元）東アジアの古代文化を考える会

[本業] 一級建築士。No.107636 号

[趣味] 古代史の謎解明《古代史研究家＝文献派（言語考古学を標榜)》

[著書]

・『卑彌呼が都した所』葦書房、1996 年　PN：福嶋正日子

　　副題「九州弁と韓国語で古代史の謎は解ける」

・『私の邪馬台国論 VOL-2』の十人共著の内。『邪属蚕國も邪烏壺國もなかった』梓書院、
　　2003 年

・季刊誌『記紀九州』・創刊号・第 3 号・第 4 号に執筆投稿。

[講義・講演活動等]

・久留米大学「久留米学（歴史と環境）」2019 年で連続 15 回。
　　2020・2021 年はコロナウィルス騒動で休講。2022 年 16 回目。

・久留米大学公開講座（2006 ～ 2020=12 回）。

・久留米大学公開講座「うきは学」2017 ～ 2022。連続 6 回目。

・2008.10．佐賀・徐福国際シンポジウムにてパネラーとして登壇。

・2009.11 九州国立博物館開館 4 周年記念特別展、シンポジウムで「邪馬台国はここに
　　あった」で登壇。

・2010.05．宇佐八幡宮「第六回全日本邪馬台国論争大会」に登壇。

・2021.07.「全国邪馬台国連絡協議会」会員研究発表＝上京して。

・2022.05．うきは学（特別編）『うきは市の双方中円墳発掘について」
　　　　　①久留米大学福岡サテライトにて『「高天原」に「双方中円墳」が出土』で
　　　　　　登壇 (5 月 29 日)

・2022.06．うきは学（特別編）「うきは市の双方中円墳発掘について」
　　　　　②うきは市白壁ホールにて『f 高天原 j に r 双方中円墳」
　　　　　　が出土』で登壇 (6 月 19 日)
　　　　　③うきは市白壁ホールにて『「高天原」に「双方中円墳」
　　　　　　が出士』パネルディスカッションに登壇 (6 月 26 日)

第4章　うきは市の双方中円墳（西ノ城古墳）の意味

はじめに

《古代日本史の "空白の 150 年" について》

　西暦 267 ～ 412 年までの約 150 年間について，中国の歴史書には，日本の情報が全く載っていない。この頃の日本は，邪馬台国の終わり頃であり，ヤマト王権が成立した時期である。すなわち，日本の古代史にとって最初の国家が成立した，古代日本史上，最も重要な時期なのである [1]。

　この問題について「文字資料が残っていない」と考えるべきなのか，あるいは，「残されているのは遺跡や遺物だけ」と考えるべきなのかが，日本の古代史において長年の問題であった。この問題についての解決の糸口が「双方中円墳」である。

　2020 年以来福岡県うきは市で発掘調査中の西ノ城古墳 [2] が，円形墳丘の両端に方形墳丘が付いた「双方中円墳」とみられることが分かった。

　この西ノ城古墳が双方中円墳であることの意味から考察すると以下のような議論が成立すると考えられるというのが本章の内容である。

　本章においては，この西ノ城古墳が「双方中円墳」であることと神武天皇東征の舞台がこのうきは市であると説明できるという仮説について考察する。

1　ヤマト王権成立は定説の「神武東征」を紀元前 600 年以上前とする説は採用されていない。
2　場所の性質上，中世の城郭と古墳時代の遺跡との混同に注意しなければならない。

　第2章と第3章では，このうきは市の南側一帯が邪馬台国の中心の地であること，そして，その邪馬台国が日本神話「高天原」の舞台であることが考察されている。

　以上のような議論を前提として，第4章と第5章において，日本の古代史の空白の150年について，邪馬台国以後の世界こそが神武東征の時代であることが考察される。

≪発掘考古学対文献古代史学≫

　発掘考古学の立場は，『古事記』・『日本書紀』は，歴史書として適切な資料ではないという考え方が主流である。

　文献古代史学の立場は，日本文学上代学研究（古文書研究の一部）としてある程度の評価はされているようである。

　ここで，経済学的手法を駆使して，『古事記』・『日本書紀』を読むならば，別の評価が可能なのである。

　下部構造としての経済社会を，当時の資源配分・生産活動・商品物流・所得分配・消費活動として捉え，経済史の分野としての古代を想定するならば，上部構造としての政治構造の説明として『古事記』と『日本書紀』にはそれなりの資料として説明がなされているはずなのである。

　本章はこのような経済学的な立場でうきは市の「双方中円墳」である西ノ城古墳について考察する。

第1節　双方中円墳，西ノ城古墳

　「双方中円墳」は，全国で数例しか確認されておらず，九州では初めての発見である。

　出土した土器片から古墳時代前期初頭（3世紀後半）の築造と推定され，

最古級の双方中円墳と考えられるらしい。

　新聞等の解説によると，「近畿や山陽の有力勢力と被葬者のつながりが推察され，専門家は当時の中央と地方の関係を知る重要な発見だと指摘する」。しかし，最古級と理解するならば他にないのであるから他の勢力圏からの影響と考えるよりは他への影響と考えるべきなのではないだろうか。

　西ノ城古墳は同市浮羽町の耳納連山中腹にある。市教育委員会によると，「円形墳丘は長径約37メートル，高さ約10メートルで，二つの方形墳丘を合わせた全長は約50メートル。」程度の大きな古墳である。

　「円形墳丘の頂部では，板状の石を組んで造った埋葬施設が2基見つかった。」そうである。

　「壊された同様の埋葬施設を含めると，5基以上あったとみられ，弥生時代の集団墓の特徴を残す。一帯を治めた豪族と親族，側近らが埋葬されたと考えられるという。」

　現場を確認した福岡大の桃崎祐輔教授（考古学）によると，「双方中円墳は弥生時代後期の墳丘墓が発展し，4世紀ごろに築造が始まったとされる。」

　西ノ城古墳では「複合口縁壺」と呼ばれる土器の破片が出土し，似た形状の土器が瀬戸内地域や大分に分布するという。

　桃崎教授は「初期大和政権や瀬戸内の勢力は大分沿岸から日田盆地，筑後川を通って有明海へと抜けるルートを重視した」と指摘されている。

　西ノ城古墳の集団は，こうした交流の中で双方中円墳を取り入れたと推測する。すなわち，桃崎教授は「関西文化圏からの影響を受けた地方勢力の跡が伺われるという解釈である」。

≪葺石≫

　この西ノ城古墳は，2020年，公園整備のための調査で見つかり，斜面

を覆う「葺石」が確認された。うきは市教委は 2022 年度から本格的に発掘調査を開始し，2023 年度も継続するという。

　この西ノ城古墳の葺石は，古墳時代の葺石と比較すると小さい石である。「川から採取した石ではなく，山の石を割って葺石としている」。

≪西谷正・九州大名誉教授（考古学）の説明≫

　九州大名誉教授（考古学）西谷正教授の話では，「この西ノ城古墳の発見で，国家の形成過程が分かる」と説明されている。しかも，「双方中円墳は全国でも確認例が極めて少なく，西ノ城古墳は貴重な発見」だそうである。「大和政権が全国を支配していく中で，うきは地域の豪族も影響を受けたのだろう」と説明されている[3]。それ故に，「古代国家の形成過程における中央と地方の関係を知る手掛かりになる」そうである。

　はたして，うきは市にどのような国家が形成されていたと西谷氏は想定されているのであろうか。

　そして，このように全国でも確認例が極めて少ない，九州初の「双方中円墳」をどのような意味で貴重な古墳として説明されるのであろうか。単なる「中央と地方の関係」ではなく，古代国家の形成過程そのものとして説明されるべきなのではないだろうか。

　以上が本書の著者達の共通の思いである。

第 2 節　西ノ城古墳の歴史的考察の必要性

　この西ノ城古墳の意味について考察するために大事な特徴は，下記の 4 項目である。

3　双方中円墳が九州の他の地域に無いとするならば，「うきは地域の豪族も影響を受けた」ではなく，「うきは地域の豪族が影響を受けた」のである。

(1) この時代以降の円墳や前方後円墳と異なって，山頂にあること。

(2) 円墳や前方後円墳の石棺が1つであることと異なって，棺が4〜5個と複数あること。

(3) 山の石を砕いた葺石があること。

(4) 甕棺ではないこと。（周辺に甕棺も存在する。）

　以下では，この西ノ城古墳の特徴を他の地域で発見された「双方中円墳」と比較することによって詳細に考察する。

第3節　双方中円墳の築造の地域

　「双方中円墳は，古墳の形式の1つである。円形の主丘の前後両側に方形の突出部2つが接続する形式である。前方後円墳が円形の主丘前面に方形の突出部を接続する形式であるのに対して，双方中円墳は主丘の前後双方に方形の突出部を接続する形式である」と説明されている。しかし，この説明は不十分である。なぜならば，古墳の進化の過程が逆になっているからである。

　前方後円墳よりも「双方中円墳」の方が築造の歴史は古いとされているのであり，「双方中円墳」は「前方後円墳」の進化系ではないからである。

　双方中円墳は古墳時代前期に見られる。また，前方後円墳では前方部前面が正面であると考えられているが，双方中円墳の場合はどちらが正面とは定義されないからである。

　また，この墳形はこれまで全国で4箇所が知られるのみで（2015年時点），そのうちでも奈良県の櫛山古墳は片方の突出部が小さい規模をなしており，ほとんど「双方中円墳ではない」と考えられる。

1. 双方中円墳の例

全国の双方中円墳の例として，最も古いのは，2世紀後半から3世紀前半の築造と考えられている岡山県倉敷市の「楯築遺跡」である。

次に古いのは，うきは市の3世紀末築城と考えられている「西ノ城古墳」であり，小さな葺石を覆う「双方中円墳」である。高度100mの山頂にある。

その次に古いのは，4～5世紀初頭の香川県高松市の「石清尾山古墳群の3基」（猫塚古墳・鏡塚古墳・稲荷山北端1号墳[4]）である。積石塚としての全体が大きな石で覆われた「双方中円墳」である。高度199mの山頂にある。

そして，最後に4世紀末と考えられている三重県津市の明合古墳である。奈良県天理市の「櫛山古墳」は，著者には「双方中円墳」とは考えられない。

① 楯築墳丘墓

楯築墳丘墓は岡山県倉敷市にある。古代の吉備の中海である穴海の北西部の海岸線に位置している（図4.1参照）。

この楯築墳丘墓は，「双方中円墳」の原型とされており，弥生時代後期（2世紀後半～3世紀前半）に築かれたと考えられている。

高度50mの山頂にあり，葺石で縁取りされた土盛りの古墳である。直径約43m，高さ4,5mの不整円を主墳として，北東と南西に方形の突出部があり，全体の長さは72mで弥生墳丘墓としては最大級である。

北側の方墳部は，鬼門（東北）方向を向いており，南側の方墳部は，裏鬼門（南西）方向よりも，若干南側に折れている（図4.2参照）。

《古墳の中の木棺》

中円墳部の真ん中に木棺木槨構造の棺が一つ，南側に石棺がもう一つある。木棺内には，剣一口と勾玉や菅玉，ガラス製小玉等の玉類が副葬され

4　かつては前方後円墳と推測されたが，2015年の発掘調査で双方中円墳に訂正された。

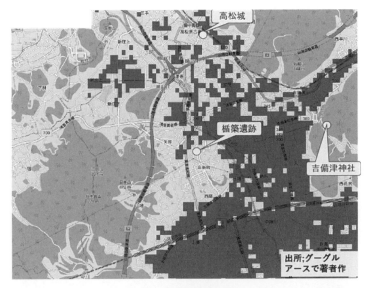

図4.1 楯築墳丘墓

・2世紀末頃の双方
 中円墳である。

・90メートルとかな
 り大きい。

・北側の方墳部は、
 鬼門(東北)方向を
 向いている。

・南側の方墳部は、
 裏鬼門(南西)方向
 よりも、若干南側
 に折れている。

② 墳丘復元想定図

図4.2 楯築墳丘墓；復元想定図

ていた。

　棺の底には，32kg を超える水銀朱が分厚く敷き詰められていた。

　盾築墳丘墓の周囲には，少なくとも 15 基の墳墓がある（図4.3参照）。

図 4.3　楯築墳丘墓の周囲には少なくとも 15 基の墳墓がある

≪特殊器台・特殊壺の出土≫

　楯築墳丘墓は後の時代の古墳につながる要素として，特殊器台やその上に載せる壺が多く見つかっている。出土した土器片の多くが壺形土器，特殊器台・特殊壺の破片である。

　独特の特殊器台・特殊壺は，綾杉紋や鋸歯紋で飾られ，赤く朱で塗った大きな筒形の土器で，2 世紀初めから 3 世紀中頃に作られ，首長埋葬の祭祀に使われるようになった。

　大和では最古級の前方後円墳（箸墓古墳・西殿塚古墳）から出土しており，後の近畿の特殊器台型埴輪につながるものであり，日本各地に広まっていったと考えられている。

② 西石清尾地区の古墳群

　石清尾山は，高松市中心部の南西に位置する。東から順に稲荷山，峰山，浄願寺山の３つに分かれた山塊からなる。

　中央の峰山は，北にくぼむ摺鉢谷と呼ばれる浸食谷の周辺部が標高200メートル前後のU字形の平坦な尾根となる。

　この尾根上に北大塚古墳・石船塚古墳（昭和9年指定）・小塚古墳・姫塚古墳などの前方後円墳と，猫塚古墳・鏡塚古墳の双方中円墳が分布する。

　姫塚古墳下方の尾根上には，鶴尾神社4号墳（前方後円墳）がある。鶴尾神社4号墳は3世紀中頃に築造された古墳群中で最初に築かれた積石塚と考えられ，その後約150年間に他基が順次築造されたと推定されている。

　3世紀後半という時期に，土ではなく石を積んで築いた「積石塚」である。

　積石塚のうち猫塚古墳，鏡塚古墳，稲荷山北端1号古墳が双方中円墳である。

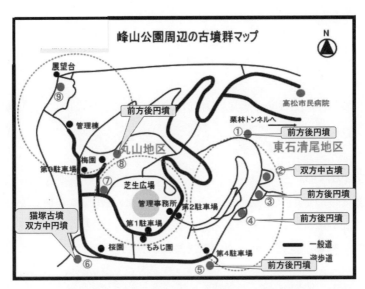

図4.4　石清尾山古墳群（猫塚古墳・鏡塚古墳・稲荷山北端1号古墳

　北大塚東古墳が方墳であり，稲荷山南塚北古墳が円墳，その他は前方後円墳である。墳丘はどれも安山岩を積み上げて構築されている（図4.4参照）。

（1）猫塚古墳

　峰山公園芝生広場から第4駐車場に向かう広い道を大きく左に曲がって300メートルほどのところで畑の脇に右へ入る小道がある。その小道を300メートルほど歩くと眼の前に高い積石塚がそびえている。これが，石清尾山古墳群の中で最大規模を誇る猫塚古墳である。

　全長は約96メートル，高さは約5メートルの規模の「双方中円墳」である。

　猫塚古墳は，積石塚である。大量の切り出した石が使用されている。方墳部は，一つは鬼門方向，もう一つは裏鬼門方向をそれぞれ向いている。

　明治43年（1910）に鉱山試掘を偽った計画的な大盗掘に会い，中央が大きく変形した。

　猫塚古墳は，古墳群中最大の全長96メートル，高さ5メートルの規模を誇り，全国で4基しかない双方中円墳である。古墳群を代表する古墳である。

　猫塚古墳は，鬼門方向と裏鬼門方向に方墳があり，真ん中に円墳がある。全て角張った石に覆われており，祭祀を行うスペースは無い。

≪猫塚古墳の内部≫

　中円部に幾つかの竪穴式石室があったと思われるが，大盗掘にあったために正確な数・位置は不明である。ただし，盗掘によるくぼみの一角に竪穴式石室がわずかに残っており，今は保存のために埋め戻している（図4.5参照）。

　昭和6年（1931）に行われた京都帝国大学の調査の報告書には，盗掘の

関係者の話などを参考にして，中円部中央に大きな竪穴式石室1基とそれを取りかこむ8基の小さな石室があったと記述されている。

更新日：2018年3月1日

猫塚古墳は、積石塚である。大量の切り出した石が使用されている。
　方墳部は、一つは鬼門方向、もう一つは裏鬼門方向をそれぞれ向いている。

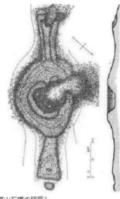

中円部中央に大きな竪穴式石室1基とそれを取りかこむ8基の小さな石室があったと記述されている。

京都帝国大学1933『讃岐高松石清尾山石塚の研究』
京都帝国大学文学部考古学研究報告第12冊

図4.5　猫塚古墳

《出土品》

　盗掘の際に中央の石室から鏡5面（中国製のもの4面，日本製のもの1面），小銅剣20前後，石釧1，筒形銅器3，銅鏃9，鉄斧1，鉄剣4，鉄刀1，鉄のみ1，鉄やりがんな1，鉄鏃4，土師器2等が見つかっている。これらの出土品は現在，東京国立博物館に所蔵されている。

【猫塚古墳の特徴】

　鏡塚古墳と同じ双方中円墳で，全国的にもほとんど例がない形をしている。石室の数や出土品は弥生時代の伝統を受継いでおり，石清尾山古墳群の中でも最も古いものの一つである（図4.6参照）。

　全長96mの双方中円墳。鏡等多量の副葬品が出土した大盗掘により破

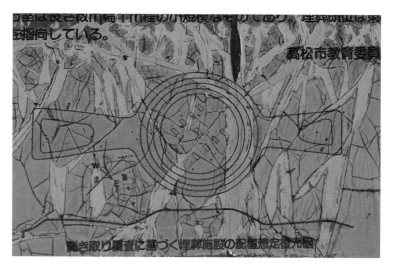

図 4.6　中円部中央に大きな竪穴式石室 1 基とそれを取り囲む 8 基の小さな石室があった
と記述されている。

壊されている。

　道路からの古墳に抜ける小道沿いに不器用に積み上げられた石の塀がある。この石は，かつて猫塚古墳に使用されていた石であろう。と推測される。

(2) 鏡塚古墳

　全長 70 m の双方中円墳。猫塚古墳とともに，全国的にも稀な墳形をとる。尾根最高所に立地している。猫塚古墳と同様に積石塚である。全長は約 70 メートル，高さは約 3.6 メートルの規模である。

【鏡塚古墳の内部】

　鏡塚古墳の方墳は南北線に並んでいる。中央部の円墳部に 6 基の石室があったという説があるが，現在では不明である。

【出土品】

出土品は，見つかっていない。

【特徴】

　猫塚と同じ双方中円墳で，まわりの古墳より少し古く築かれたと考えられる。石積みは二段築成である（図4.7参照）。

鏡塚古墳の方墳は南北線に並んでいる。
　中央部の円墳部に6基の石室があったという説がある。

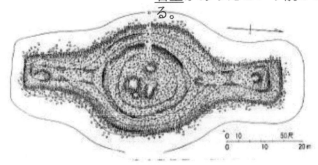

　鏡塚古墳の墳丘測量図。円丘の両端に方形の墳丘がつく，双方中円墳と呼ばれる形の古墳。京都帝国大学 1933 讃岐高松石清尾山石塚の研究』京都帝国大学文学部考古学研究報告第12 冊。

図 4.7　鏡塚古墳

(3) 稲荷山北端 1 号墳（3 世紀後半）

　標高 165 mの山上にあり，栗林公園北口からの登りは傾斜がきつい周辺に古墳や古墳の跡と思われるものが多数あり。

　円丘部の直径は約 28 メートル，丘陵の高い位置にある南側の方丘部の長さは約 20 メートルと確定。

　稲荷山北端 1 号墳は「猫塚や鏡塚と比べ石の積み方が控えめで立体感に乏しいのが特徴」（波多野専門員）とされている。

南側が高く北側に行くほど低くなるかなりの傾斜地にわざわざ石を積んだのは「方丘部をこちら側にも造ろうとしたためで，形に対するこだわりがあったのは確かだろう。ただ，双方中円墳という形で何を表現しようとしたのかは現在のところまだわからない」

墳長約70mの双方中円墳と考えられている。標高165mの山上にあり，栗林公園北口からの登りは傾斜がきつい周辺に古墳や古墳の跡と思われるものが多数出土している（図4.8参照）。

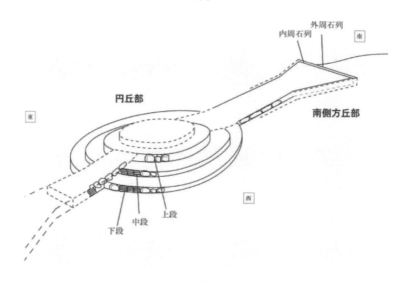

図4.8　稲荷山北端1号古墳

③明合古墳（三重県津市）

墳形は方形で，一辺約60メートル，方墳としては全国第10位の規模である。

墳丘の南北には造出を付し，その独特の形態から双方中方墳とも呼称され，造出を含めると墳丘長81メートル・高さ10メートルを測る（図3.9参照）。

　墳丘は2段築成。墳丘表面では葺石が認められる。円筒埴輪列・形象埴輪（家形・盾形・蓋形埴輪）・須恵器器台が検出されている。

　墳丘周囲には周濠が巡らされる。主体部の埋葬施設および副葬品は未調査のため明らかでない。また，墳丘周囲には陪塚と見られる古墳5基（8基か）の築造も知られる。

　明合古墳は，古墳時代中期前半の5世紀前半頃の築造と推定される。

　築造当時としては安濃川流域で最大級の首長墓であり，規模・墳形の点で当時の政治的背景を考察するうえで重要視される古墳である（図4.9参照）。

図4.9　明合古墳

④ 西ノ城古墳集団埋葬墓

　西ノ城古墳は，円形墳丘の頂部では，板状の石を組んで造った埋葬施設が2基発見されている。壊された同様の埋葬施設を含めると，5基以上あったと考えられている。単独の王の墳墓ではなく，一族あるいは重臣たちとの共同の墓地であると考えられる。

これは，久留米市内の「祇園山古墳」の石棺の外側の入れ物である槨は
ないことから，祇園山古墳よりも新しい古墳であることがわかる。

第4節　双方中円墳の時代と性質の相違

1. 古さの順序

以上で見てきたように「双方中円墳」の築造順序は，次のように並べら
れる（図4.10参照）。

① 楯築遺跡　弥生時代後期（2世紀末）に造られた墳丘墓，倉敷市

② 西ノ城古墳　古墳時代前期初頭（3世紀後半），うきは市

③ 稲荷山北端古墳（3世紀後半）　猫塚と鏡塚は古墳時代前期（4〜5世
紀初頭），高松市

④ 明合古墳　5世紀前半頃の築造，津市

⑤ 櫛山古墳　古墳時代前期後半の古墳（しかも，普通の前方後円部にもう一
つの短い突出部を付けたような形状に変形している。），奈良市

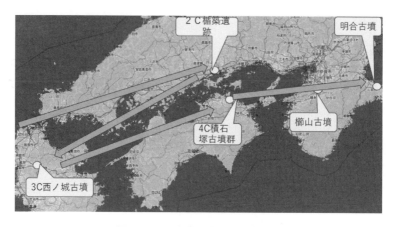

図4.10　双方中円墳の古さ連鎖

　この「双方中円墳」の築造年代の順序の関係は，吉備の国で始まった「双方中円墳」の築造が，九州に伝わり，その後，1世紀後に四国に移って，やがて，伊勢に移ったということを現わしているのである（図4.10参照）。

　近畿地帯からの放射線状の技術の伝搬を常識とする古代史研究者にとって異様な技術伝搬の歴史を説明していることになるのである。

　この事実を論破するためには，吉備国の楯築墳丘墓よりもより古い「双方中円墳」を奈良・京都・大阪に求めなければならないことになるのである。

2.　双方中円墳の性質

　この節では，それぞれの双方中円墳の性質について，その同質性と相違点について考察する。

A．各双方中円墳の共通点

(1)　どの「双方中円墳」も山の頂上にある。このことは，何処からでも見える位置であり，領地の住民から見える位置であることを説明している[5]。このことは，「空に近い」という意味であり，「天上に近い」という意味では，「出雲大社と同じ様式」である。

(2)　「複数の石棺が埋葬されている」ということは，「敗者達の古墳」を現わしているのではないだろうか？「住民から見える位置」とは，見せしめの意味も兼ねているのである。

(3)　岡山の楯築墳丘墓のように敷石が少ない縁取りだけの「双方中円墳」もあれば，高松市のように敷石が岩山のように載っている「双方中円墳」もある。あるいは，うきは市の西ノ城古墳のように敷石がある程度載っている「双方中円墳」もある。これは，葺石の材料を確保する

5　先に説明した祇園山古墳も同様である。

ための条件の相違という地域性の問題であるようである。

(4) 方墳部は，四方形ではなく長く伸びた平面ではない。すなわち，方墳部で祭事を行うことは不可能であり，方墳の意味ではないと考えることができる。

(5) 方墳部は，一般的に左右対称では無い。また，左右の方向に鬼門方向とか逆鬼門方向というそれぞれの意味がある場合もあり，無い場合もある。と考えられる。

B．山の頂上にある理由は，「国譲り」の意味

『古事記』に以下のような文章がある。

爾に答へ白しけらく，「僕が子等，二はしらの神の白す随に，僕は違はじ。此の葦原中国は，命の随に既に献らむ。唯僕が住所をば，天つ神の御子の天津日継知らしめす登陀流天の御巣如して，底津石根に宮柱布斗斯理，高天の原に氷木多迦斯理て治め賜はば，僕は百足らず八十くま手に隠りて侍ひなむ。亦僕が子等，百八十神は，即ち八重事代主神，神の御尾前と為りて仕へ奉らば，違ふ神は非じ。」とまをしき。

≪現代文訳≫

オオクニヌシは答えました。

「わたしの子達の二柱の神が言ったとおりに，わたしは背きません。この葦原中国（日本）は命ずるままに献上しましょう。ただし，わたしの住居として，天つ神の御子が継ぐ神殿のように，底津石根（＝地底）に太い柱を立て，空に高々とそびえる神殿を建てるならば，わたしは遠い幽界に下がりましょう。わたしの子の百八十神（＝大勢の神）は，八重事代主神（ヤエコトシロヌシ神）が神々の前に立てば，背く神は居ないでしょう」と答えられた。

　国を譲った大国主神の要求は，「空に高々とそびえる神殿を建てる空に高々とそびえる神殿を建てる」ことによって，「幽界に下が」ることを意味しているのである。

　すなわち，「双方中円墳」が山の頂上にある理由と一致するのではないだろうか。

C．双方中円墳の役割

　双方中円墳の役割とその意味は，次のようにまとめることができるであろう。

① 　山頂に位置することは，「空に高々とそびえる神殿を建てる」ことによって，「幽界に下が」ることを意味しているのである。これによって，今までの被支配者たちに知らせる役割なのである。

② 　「葺石があること」は，墳墓の変形を雨風から守るためである。

③ 　「石棺が複数個であること」は，複数の権力者とその重臣たちが一緒に埋葬されていることを意味しており，敗者の墳墓であることの証拠である。

④ 　「甕棺ではないこと」は，甕棺に収める以上の権力者を石棺に納めることであり，時代的考察のためにも重要である。

⑤ 　円墳部の双方に伸びた髭は，被葬者の祟りを沈め祀る意味があるのであろう。このことは，これ以前の時代の四隅突出型墳丘墓との関係から説明される。

第5節　四隅突出型墳丘墓との関係

　四隅突出型墳丘墓は，弥生時代中期以降，吉備・山陰・北陸の各地方に見られる墓制である。方形墳丘墓の四隅がヒトデのように飛び出した特異

な形の大型墳丘墓である。突出部に葺石や小石を施すという墳墓形態である。四隅突出型弥生墳丘墓とも呼称する。弥生時代の墓を墳丘墓と呼んで，古墳時代と区別している。

　四隅突出型墳丘墓は，弥生時代の中期の後半に登場して，弥生時代の終わり頃まで造られた。

　四隅突出型墳丘墓は，山陰地方・日本海側を中心に約90基が確認されている。

　北陸地方（福井県・石川県・富山県）では現在までに計8基が知られている。

　墳丘墓側面には貼り石を貼りめぐらし，規模は後の前期古墳の規模に近づくなど，古墳時代以前の墓制ではもっとも土木技術が駆使されており，日本海沿岸という広域で墓形の規格化が進んでいた。

A.　四隅突出型墳丘墓の伝搬過程

　四隅突出型墳丘墓は，三次盆地に発生し，岡山県や兵庫県の中国山地にも伝わり，山陽の平野部である兵庫県の加古川市，小野市に広がって行った。広島県庄原市，鳥取県，島根県東部へと伝わり出雲の西谷古墳群などで急速に大型化して，その後出雲国から北陸（福井・石川・富山）に伝わり，北陸から福島県喜多方市にある四隅突出型方形周溝墓に影響を与えたのだろうと考えられていた[6]。

　ところが，島根県の出雲市にも三次盆地と同じような初期の墳墓が発見された[7]。

　洞ノ原東側丘陵（標高約110 m）には，弥生時代後期初頭（1世紀）〜後期中葉（2世紀前葉）にかけて造営された25基の墳墓が見つかった。四隅突出型墳丘墓は11基確認されている。

6　北陸地域の墳丘墓は，中国地方の墳丘墓と違い，貼り石がないという特徴がある。
7　青木4号墓　島根県出雲市東林木町

この墳墓群で，もっとも古いのは，四隅の突出しない２号墓で，この２号墓を取り巻くように大小の墳丘墓が円形にならんでいる。１辺が１〜２ｍという超小型の四隅突出型墳丘墓も含まれている（図4.11参照）。

妻木晩田遺跡の中でも，最も美しい景観に恵まれたこの場所は，前半期の妻木晩田遺跡を支えた王族の墓地であったと考えられる。

発掘時の写真。初期の墳形は、隅がそんなに際立って長くない。

初期の形は、四隅が伸びておらず、四隅の配列が規則正しく縦に並んでいる。これは、「踏石（ふみいし）状石列」とか「ステッピング・ストーン」と呼ばれている。

図4.11　陣山３号

B．楯築墳丘墓との関係

大規模な墳丘墓と吉備の楯築墳丘墓はほぼ同時期に存在したと推測されている。

西谷３号墳丘墓の埋葬施設が楯築墳丘墓のそれと同じような構造の木槨墓であり，埋葬後の儀礼に用いた土器の中に吉備の特殊器台・特殊壺や山陰東部や北陸南部からの器台・高坏などが大量に混入していた。

楯築墳丘墓と四隅突出型墳丘墓との共通点は，下記の４点である。

① 複数の棺が一緒に埋葬されている。

② 見晴らしの良い山頂にある。

③ 原則として，周囲は崩落を防ぐための葺石に覆われている。

④ 四隅の耳は，墓所への通路である。このことから，「双方中円墳」の双方部分はこの通路の名残であると考えられる。

第6節　祇園山古墳

　祇園山古墳は，福岡県久留米市御井町にあり，福岡県指定史跡に指定されている方墳である。

　三世紀中期築造と推定されており，規模や様式から『魏志倭人伝』において伝わる邪馬台国の「卑弥呼の墓」に比定する説がある。

A. 卑弥呼の墓

　『魏志倭人伝』に邪馬台国と卑弥呼について，次のよう書かれている。

　「その国は，元々は，また（狗奴国と同じように）男子を王と為していた。居住して七，八十年後，倭国は乱れ互いに攻撃しあって年を経た。そこで，一女子を共に立てて王と為した。名は卑弥呼という。鬼道の祀りを行い人々をうまく惑わせた。非常に高齢で，夫はいないが，弟がいて国を治めるのを助けている。王となってから，まみえた者はわずかしかいない。侍女千人を用いるが（指示もなく）自律的に侍り，ただ，男子一人がいて，飲食物を運んだり言葉を伝えたりするため，女王の住んでいる所に出入りしている。宮殿や高楼は城柵が厳重に作られ，常に人がいて，武器を持ち守衛している。」

《卑弥呼以死　大作冢》

卑弥呼の死について，『魏志倭人伝』には，次のように書かれている。

「卑弥呼は死に，冢を大きく作った。直径は百余歩。徇葬者は男女の奴隷，百余人である。さらに男王を立てたが，国中が不服で互いに殺しあった。当時千余人が殺された。また，卑弥呼の宗女，十三歳の壱与（イヨ）を立てて王と為し，国中が遂に安定した。張政たちは檄をもって壱与に教え諭した。」

《封土作冢》

「人が死ぬと，棺に収めるが，（その外側の入れ物である）槨はない。土で封じて盛った墓を造る。

始め，死ぬと死体を埋めないで殯（かりもがり）する期間は十余日ある。その間は肉を食べず，喪主は泣き叫び，他人は歌い踊って酒を飲む。

埋葬が終わると一家そろって水の中に入り，洗ったり浴びたりする。それは（白い絹の喪服を着て沐浴する）中国の練沐のようなものである。」

B．祇園山古墳（周囲に 100 の甕棺）

耳納山系西端の高良山から西の平野に向かって派生する丘陵の先端部に祇園山古墳がある。筑後平野一帯を一望の下に見渡すことのできる台地（赤黒山）の上に位置しており，占地の意図を窺わせる。

形状，規模とも吉野ケ里遺跡の楕円状構築物の上に築造された方墳および楽浪漢墓（阿残墓）石巌里第 9 号墳に類似する。（図 4.12 参照）

祇園山古墳は，高さの約 1/4 を地山から方形台状に削り出しており，その基部は楕円形をなしている。高速道路九州自動車道建設との関係で，遺構の約 80％が現地保存されている。

形状は方墳であり，石棺は北東から南北方向に沿って古墳頂部中央にあ

り，内部には朱の痕跡がある。石棺はあるが槨はない。

規模・形状　葺き石は2段

方墳規模は，東西約 23.7m，南北約 22.9m，高さ約 6m で，標高 60m（墳丘頂部），標高 55m（墳丘基準面）である。

葺き石は2段（墳丘裾部と上段の盛土部分），方墳は本来の地形を楕円形に整形した台地の上にある。

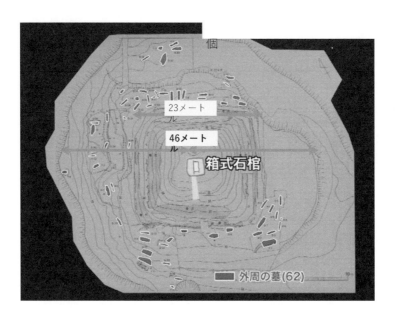

図 4.12　発見された甕棺は 62 個

C.　殉葬された従者百名

『魏志倭人伝』に「徇葬者は男女の奴隷，百余人である。」と書かれている。

祇園山古墳の周辺からは特殊埴輪などは出土していない。（埴輪は殉葬者の代わりだから無いのが当然である）。

墳丘外周には，殉葬された従者 66 名以上と推定される甕棺墓3基，石

蓋土壙墓 32 基（未調査 5・不明 2 を含む），箱式石棺 7 基，竪穴式石室 13 基，不明 7 基の埋葬施設が確認されている。

　祇園山古墳の東側は，九州自動車道の工事の関係で，発掘されていない。図 4.12 の右側の部分である。この部分の発掘もされるならば，従者 100 名となり，『魏志倭人伝』の説明と一致すると考えられるのである。

D．邪馬台国の卑弥呼の墳墓か？

　築造時期は，墳墓の形状，構築，石室，周囲の甕棺の様式から 3 世紀中期である。規模が一辺約 23m で斜辺が 32m で下部が楕円状であること，石棺はあるが槨が無いこと，石棺に朱が塗られていること，周囲に埴輪はなく 66 名以上の殉葬があること，そのうちの甕棺 K1 からは後漢鏡片や大型勾玉などの豪華な装身具が出土していること，G1 墓からは鉄製の武器や農機具が出土している。

　墳頂部箱式石棺は古い時代に盗掘を受けたと見られ，主体部の副葬品は失なわれている。

　近傍の高良大社に出土品と伝わる三角縁神獣鏡（33 方格獣文帯鈕座「天王日月日月」）および変型方格規矩鏡がある。

　墳裾外周部の第 1 号甕棺墓（K1）は内部が朱に塗られ，成人女性人骨，後漢鏡片（半円方格帯鏡：主銘「吾作明口幽凍三商周口無口配疆會…番昌兮」，副銘「善同出丹口」），大きさ 5 センチメートルの大型硬玉製勾玉，2 個の両面穿孔碧玉製管玉，刀子が出土し，九州歴史資料館に収蔵されている。

E．祇園山古墳のサイズと卑弥呼の古墳と同サイズ

　卑弥呼の古墳のサイズは，『魏志倭人伝』において「卑弥呼は死に，冢を大きく作った。直径は百余歩」とある。

　当時の成人女性の身長を 140 ㎝と仮定すると，1 歩は身長の 45％ 程

度であるから，63cmとなり，100歩は63mである。1辺が63mの対角線の長さは44mであるから，この祇園山古墳の「方墳規模，東西約23.7m，南北約22.9m」と『魏志倭人伝』に説明されている卑弥呼の墓とはそのサイズも一致するのである（図4.13参照）。

- 直径**百余歩**(魏志倭人伝)
- 1歩＝身長×0.45＝140cm×0.45＝63cm
- 63cm×100＝63m
- 1：√2＝x：63m
- X＝63/√2
- ＝63/1.4142＝44m

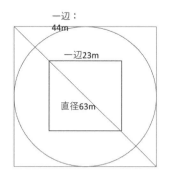

一辺：44m
一辺23m
直径63m

図4.13　大作冢

F．刀子，鉄鏃，剣，刀身などの鉄製武器

成人女性は被葬者の従者ないし巫女の頭と考えられている。

形状不明のG1号墓主体からは3世紀の畿内では出土していない刀子，鉄鏃，剣，刀身などの鉄製武器だけでなく，鎌，錐，手斧鍬などの鉄製農具も出土している。墳裾の各所から古式土師器（西新式土器），須恵器等が多数出土している。

出土品の殆どが時期的にも『魏志倭人伝』の卑弥呼の墓の記載と矛盾が殆ど無いことがわかっている。

以上の説明からもお分かりのように，日本の他のどの地域の古墳からも出土していない，『魏志倭人伝』が伝える卑弥呼の墳墓と考えられる証拠がこれだけ揃っているにもかかわらず，発掘の知らせを聞いてかなりの時間が経って，現地を訪問した九州大学名誉教授の西谷氏は卑弥呼の墓では

ないと主張されたのである。

　他にないのならば，さしあたりこの祇園山古墳が「卑弥呼の墓である可能性がある」というべきであったのではないかというのが，久留米市御井町周辺の人達の当時の思いであった。と伝えられている。

むすびにかえて

　本章においては，「双方中円墳」の性質について考察し，西ノ城古墳が「双方中円墳」として「邪馬台国」との関係があることを考察するための準備とした。

　また，卑弥呼の墓として，久留米市の祇園山古墳が『魏志倭人伝』の卑弥呼の墓と一致することについて考察した。このことから耳納連山が邪馬台国の所在地として説明されるのである。

　次の第5章においては，この邪馬台国と西ノ城古墳との関係について考察し，邪馬台国滅亡後の日本の古代史の世界を考察する。

第5章　うきは市の賀茂神社

はじめに

　本章においては，うきは市の加茂神社とうきは市浮羽町小塩の「姫治」の地名の意味について考察する。

　うきは市浮羽町の加茂神社は日本最古の加茂神社であり，当社の行直大宮司が慶安4年（1651）に誌した旧記の「<u>賀茂大神は最初にこの地に天降り鎮座され，神武天皇が日向[1]から大和へ御東遷のみぎり，宇佐[2]から山北へ来られ賀茂大神は八咫烏となって御東幸を助け奉られたので</u>，今も神武天皇と賀茂大神を奉祀する」という文章から神武東征の最終地がこのうきは市であることが説明されている。

　加茂神社の神紋が二葉葵と八咫烏であることが神武東征のヒントであり，加茂神社の南側の姫治への三本の坂道は神武天皇が大和に入ったときに闘った八十梟帥の支配地との関係から説明されること，うきは市周辺の地形と地名，特に，埴土の高山（香山），丹の存在を表す浮羽稲荷神社や『日本書紀』では，丹川と呼ばれた巨勢川の性質から考察できることを説明する。

1　日向とは，糸島と早良区の間にある日向峠と高祖山の周辺である。
2　宇佐とは，筑後川の右岸域の地という意味である。

第1節　うきは市の賀茂神社

　うきは市浮羽町山北1に日本最古の賀茂神社がある。この賀茂神社の神紋は，八咫烏と二葉葵紋である。

　祀神は，神日本磐余彦尊（神武天皇），賀茂下上大神（賀茂建角身命，玉依姫命，賀茂別雷命）であり，また，南北朝時代の南朝の象徴的存在であった懐良親王も祀られている。赤松宮には，文化元年（1804〜1818年，享和の後，文政の前）に相殿として，藩祖赤松宮を祀っている。

　この賀茂神社社家の初代は，武内宿禰（孝元天皇の曾孫）19世波多臣広庭の後裔，波多次郎救家の嫡男久家和州としている。

　「正平元年（1346年）に後醍醐天皇の遺詔に従い郡司日田出羽守大蔵永敏目代山北四郎大蔵永高が奉行し，熊懐平右馬太夫波多宿祢行景が斎主となり，山城国愛宕郡賀茂下上大神（上賀茂神社，下鴨神社）を奉遷して，行景が初代大宮司となった」という説明から，創建は正平元年と考えられている。

　「山城国愛宕郡賀茂下上大神（上賀茂神社，下鴨神社）を奉遷して」とは，「京都から加茂神社を返してもらった」という意味である。

　通称上賀茂神社は賀茂別雷神社であり，主祭神は賀茂別雷大神である。また，通称下鴨神社と呼ばれる賀茂御祖神社の本殿には，右に賀茂別雷命（上賀茂神社祭神）の母の玉依姫命，左に玉依姫命の父の賀茂建角身命を祀られており，そのため「賀茂御祖神社」と呼ばれている。金鵄および八咫烏は賀茂建角身命の化身とされている。

　以上のように，京都の加茂神社は，神武東征とは直接的には関係なく，加茂氏の先祖と名乗る人を祭った神社なのである。

　うきは市の日本最古の賀茂神社とは，当社の行直大宮司が慶安4年（1651年）に誌した旧記には，以下のように神武東征との関係で記されているのである。

「賀茂大神は最初にこの地に天降り鎮座され，神武天皇が日向から大和へ御東遷のみぎり，宇佐から山北へ来られ賀茂大神は八咫烏となって御東幸を助け奉られたので，今も神武天皇と賀茂大神を奉祀する」とある[3]。すなわち，この地が神武東征の地であると説明しているのである。

正平元年(1346年)に加茂神社の名を「山城国愛宕郡賀茂下上大神(上賀茂神社，下鴨神社) を奉遷して」，すなわち，本来神武天皇を祭る加茂神社の実態に合わせ「京都から加茂神社 (の名前) を返してもらった」という意味なのである。

≪二葉葵と寒葵≫

二葉葵とは徐福が求めた「不老不死」の薬 (寒葵) であるというのが，佐賀で語り継がれている「フロフキ」(不老不死が訛った音)「の物語」である。

加茂神社の神紋の二葉葵とは寒葵であり，「関東から近畿・四国に生息する希少な野草であり，根茎と根を水洗いして陰干ししたものを漢方では「土細辛」と呼び，煎じながら煮詰めた物を服用すると咳止めの効果がある。佐賀では「フロフキ」とよばれ，「不老不死」が訛ったものと言われている。

この葵と八咫烏を神紋とする一族が賀茂一族であり，今も唐津市の富士町一帯に賀茂氏の集落がある。徐福軍団の子孫たちの流れであると考えられている。

すなわち，神武天皇一行の先陣の部隊が，八咫烏を家紋とする賀茂一族であったということができるのである。

第2節　神武天皇の日向とは日向峠

ここで，日向とは，糸島と早良区の間にある日向峠一帯の地名である。また，宇佐とは当時の筑後川の河口付近の右岸域，すなわち，北野一帯で

3　「境内では，縄文土器，石器，群集石棺群などが出土していることから鑑み，この旧記が有る真実を伝えているものと考えられる。」と説明されている。

ある。宮崎県一帯を「日向」と呼ぶのは，第12代天皇景行天皇以降のことであることに注意しなければならない。

　神武天皇の東征とは，糸島と早良区の間にある高祖山（たかすやま）の麓の地日向を出て久留米の宇佐（北野）を通過してこのうきは市浮羽町山北に来たという意味である。

≪うきは稲荷神社≫

　賀茂神社の南側の北斜面に，「うきは稲荷神社」がある。真っ赤な鳥居が100本近く並んだ壮観な神社の全景が楽しめる。

　祀神は，伏見稲荷と大山昨神である。伏見稲荷は，平安時代以後の祭祀であるが，大山昨神は神武天皇以前からの神である。

　大事なことは，このうきは稲荷神社の裏手は丹（硫化水銀）が採掘される地域であるということである。古代の権力者にとって丹（硫化水銀）は「不老不死の薬」として，古墳の亡骸を石棺に収めるときに使用する金以上に重要な宝物であった。

　神武天皇が丹生都比売命に会うという話がある。

　「神武天皇が丹生の川上にのぼって天神地祇を祀られた際，稚日女尊は丹生都比売命と名を変えられて祀られた。故に丹生都比売命は稚日女尊と同神なので天照大神の妹神である」。「丹生の神」は，本来，採鉱や精錬の神である。当時の権力者は常に丹を求めていたのである。

　徐福の不老不死の薬の1つは寒葵であるが，もう1つは，丹であった。亡骸に塗ると皮膚が腐らないので，生きているように見えるというものである。古墳時代の高貴な人の石棺から大量に丹が産出するのはそのような信仰の結果である。

　『魏志倭人伝』に「其山有丹」（邪馬台国の山には丹（硫化水銀）がある）とあることからも，浮羽の姫治一帯は「邪馬台国の数少ない候補地の一つ」なのである。

第 3 節　姫治と 3 つの坂道

≪姫治≫

　うきは市の賀茂神社の南方向の山中の小塩地区に「姫治」という地名がある。「姫治」とは，女性が祭りごと（政治）をしていた地という意味である。この地が本書の第 2 章「邪馬台国＝高天原＝うきは市」（福島雅彦氏）が説明する邪馬台国の中心地であり，天照大神の「高天原」の地である。

　この地に八十梟帥をはじめとした，磯城八十梟帥，赤銅八十梟帥，熊襲八十梟帥等の神武天皇の敵対勢力となった将軍たちが屯しているのである。（図 5.1 参照）

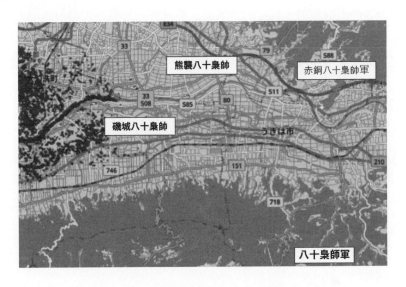

図 5.1　神武軍駐屯地賀茂神社と八十梟師軍の配置

≪女坂・男坂・墨坂≫

　賀茂神社から南側の丘の姫治の西側には，２つのダムがある。合所ダムと藤波ダムである。うきは市の賀茂神社から姫治，合所ダム，藤波ダムの３か所に行くにはそれぞれ三本の坂道がある。

　賀茂神社から小塩（小椎尾）に行くには，まっすぐの南への坂道から，浮羽稲荷を超えると東側に曲がりながら緩やかな坂道となる。「女坂」と呼ばれていたのであろう。

　賀茂神社から合所ダム・姫治に行くには少しきつめの坂道をほぼ直線に南に登らなければならない。「墨坂」と呼ばれていたのだろう[4]。

　そして，より西側の藤波ダムの方向に行くには，傾斜のきつい坂道を曲がりくねって登らなければならない[5]。「男坂」と呼ばれていたのだろう。

　この３つの坂道のそれぞれの名は，神武東征最後の大和の地での闘いの場の地名である。

　「９月５日，天皇は，菟田の高倉山に登り，国を展望された。この時，国見丘に八十梟帥（やそたける）が陣取り梟帥，これを多稽屡（たける）と云う，女坂（めさか）に女軍（めのいくさ）を，男坂（をさか）に男軍（をのいくさ）を置き，墨坂（すみさか）で炭火をおこして待ち構えていた。兄磯城（えしき）は，磐余邑（いわれのむら）に大軍を擁していた。磯，これを志（し）と云う。

　八十梟帥（やそたける）（『日本書紀』，『古事記』八十健（やそたける））との戦いの地に向かって配置されている[6]。八十梟帥（やそたける）とは，山の民の大軍ということになるであろう。」（『日本書紀』神武記）

4　他の２つの坂道の名からの想像である。

5　「合所ダム」の水底には，ダム工事によって，物部の名字の家が30数件水没しているという。

6　「ヤソ」は漠然とした大きい数字という意味で，「大人数（たける）」という意味であろう。これはかつて「80」が最大値だった時代の名残と考えられている。健とは武力を表す「強い」と言う意味であるから，ヤソタケルは「強い，大勢の武人」と言う意味となる。「梟帥」の梟はフクロウであり，帥は率いる人「将」であるから，「山の民の将」と言う意味であるだろう。

　うきは市姫治への三本の坂道は，この「女坂」，「墨坂」，「男坂」の同じ
配置なのである。

　この神武天皇の大和での戦いにおいては，他にも，磯城八十梟帥・赤銅
八十梟帥・熊襲八十梟帥の軍団も登場する。

　磯城八十梟帥は西側の古代有明海の海岸線の大軍であり，赤銅八十梟帥
とは赤銅[7]で象嵌細工した武器を持つ山を背景とした軍勢というような意
味である。熊襲八十梟帥とは，熊襲の系列の大軍であると説明することが
できるであろう。

　加茂神社周辺に駐屯した神武天皇の軍は，この4つの軍勢に包囲され
たのである。（図5.2参照）

図5.2　神武天皇を囲む四つの軍勢

7　銅に3-5%の金を加えた合金のことである。

第4節　天の香具山と神武天皇

≪天香具山の社の土≫

「敵軍のいる場所は交通の要所であるため，皇軍は身動きが取れなくなった。そこで，天皇は自ら誓約（みずからうけひ）をしてから休まれると，天神が現れて，「天香具山の社の土で香山，これを介遇夜摩（かぐやま）と云う，天平瓮（平らな瓦）（あめのひらか）を八十枚と平瓮，これを毘邏介（ひらか）と云う，厳瓮（神酒を入れる甕）（いつへ）を造って厳瓮，これを怡途背（いつへ）と云う，天神地祇を敬い祀れ。また，厳呪詛，これを怡途能伽辞離（いつのかしり）と云う（齋戒沐浴して呪すること）（まじない）せよ。さすれば，敵軍は自然と従うだろう」と仰せられた。（『日本書紀』，神武記）

また，弟猾（おとうかし）が「倭國の磯城邑に磯城の八十梟帥がおり，高尾張邑（たかおはりのむら），或本（あるふみ）には葛城邑と云うに赤銅（あかがね）の八十梟帥がおり，両者が天皇に刃向かおうとしております。天香具山の埴（粘土）（はにつち）で天平瓮を造り，天社地社（あまつやしろくにつやしろ）をお祀りして，敵と戦えば勝利を得られるでしょう」と申し上げた。（『日本書紀』神武記）

これにより，天皇は，夢のお告げを確信され，推根津彦と弟猾（しいねつひこ）とに老夫婦の眞似をさせて，天香具山の埴土を取ってこさせた。

≪平瓮（たがね）で飴で誓約（うけい）≫

天香具山の埴土で，八十枚の平瓮と天手抉（あめのたくじり）（粘土の中を指で抉（えぐ）って作ったもの）手抉，これを多衢餌離（たくじり）と云う，それと厳瓮とを造って，丹生（にふ）の川上[8]で，天神地祇を敬い祀った。その菟田川の朝原に，譬えると（たと），水沫の如くにして（みずは），呪し著くる所があった（かり）。例えると，水の泡のようで，呪言するのに適した場所があった」（『日本書紀』神武記）

8　丹生の川とは，今の巨勢川である。巨勢川は浮羽稲荷神社の東側から北西に向かって流れている関係から上流地帯で丹が流れる川であることは知られている。

　神武天皇は，この場所で誓約をされ，「水を使わずに，八十枚の平瓮で飴を造ろう。それができれば，武器を使わずに天下平定ができるだろう」とおっしゃって，飴を作られると，自然と飴ができた。

≪厳瓮と眞坂樹≫

　また，誓約をされ「厳瓮を丹生川（うきは市の巨勢川）に沈めて，大きな魚も小さな魚も柀磨紀と云う（イヌマキ・コウヤマキ）の葉のように浮いて流れれば，この国を平定することができるだろう，もしそうならなかったら，平定に失敗するだろう」（『日本書紀』神武記）とおっしゃって，厳瓮を川に入れると，厳瓮は口を下にして沈み，魚は口をパクパクして，浮き出してきた[9]。

　そこで，天皇は，大変喜ばれて，五百箇の眞坂樹（榊）を根ごと引き抜き，神々をお祀りした。この時から，神祭のときに厳瓮を置くことが始まった。

むすびにかえて

　以上で説明したように，うきは市浮羽町の賀茂神社は神武天皇東征の際の大和への最終到達地点である。そして，神武天皇は，この地において，磯城八十梟帥・赤銅八十梟帥・熊襲八十梟帥の軍団に包囲されながらも，姫治を占拠する八十梟帥軍団を3つの坂に向かって最終決戦を実行したのである。

　うきは市の賀茂神社から姫治への三本の坂道は，「女坂」，「墨坂」，「男坂」と『日本書紀』の坂道と地形図上同じ配置なのである。

　賀茂神社の南方の山地は神武東征の大和における最後の戦いの場であ

9　神武天皇は，厳瓮に丹（硫化水銀）を塗って丹生川（小瀬川）に沈めさせたのである。

り，神武軍団の駐屯基地の中心は加茂神社であった。そして，敵の八十梟帥勢力の中心は姫治であったということが説明できるのである。

第3章で説明したうきは市西ノ城古墳の双方中円墳は，この八十梟帥をはじめとした，磯城八十梟帥，赤銅八十梟帥，熊襲八十梟帥等の神武天皇の敵対勢力となった将軍たちを葬った古墳の1つなのである。

ということは，他にも少なくとも，3つの合計4つの双方中円墳が西ノ城古墳の周辺にあるということになるのである。

この姫治とは，邪馬台国の卑弥呼が統治した邪馬台国の中心地である。ということは，八十梟帥，磯城八十梟帥，赤銅八十梟帥，熊襲八十梟帥の軍団は邪馬台国の卑弥呼と壱与（台与）亡きあとの邪馬台国の統治者たちだったのである。

追記

春日大社の中に巨勢姫明神を祭る神社がある。春日大社詣での際に最初に参るべき神社である。この神社はうきは市の巨勢川の上流地の地姫治に居た神であるだろう。

ということは，この巨勢姫明神とは邪馬台国の「卑弥呼」なのである。

第6章　邪馬台国と神武東征

はじめに

　邪馬台国亡き後の「空白の150年」の最初の段階で登場したのが，伊波礼琵古命（神武天皇）である。

　第1章の説明からもわかるように神武東征は3世紀後半の時代である。

　本章では，神武東征の目的地の1つ大和とは，邪馬台国の卑弥呼が統治した邪馬台国であり，その地がうきは市の姫治を中心地とした地域であったことを考察する。

≪神武東征の地名の誤解≫

　神武東征における定説には，以下のような誤解がある。

　⑴　日向国は景行天皇以降に命名された地名であり，神武天皇の出発地は，糸島の日向（ひむか）である。（第1節において説明する）

　⑵　現在の宇佐の地は，欽明天皇以降の命名の宇佐神宮との関係であり，久留米の北野が神武天皇東征の折に到達した宇佐（筑後川の両岸に宇佐と左佐）である。（第2節において説明する）

　⑶　神武東征の最終目的地大和は，奈良ではなく，筑後平野の北側の津古一帯の神武天皇が支配した地である。（第3節において説明する）

　神武天皇の父鸕鷀草葺不合尊の埋葬地は，『日本書紀』に「日向の吾平山上陵」と記載されている。日向とは伊都国と奴国の境目の日向峠の地名

の処である。

第1節　　伊都国から日向峠

≪日向国吾田邑≫

　福岡市と糸島市の境に高祖山（標高416m）がある。その山の南西麓に高祖神社がある[1]。

　高祖神社の御祭神は，彦火々出見尊（山幸彦），玉依姫命（神武天皇の母），息長足比女命（神功皇后）である。

　韓半島から伊都国に出て交易利益を支配していた鸕草葺不合尊と伊波礼琵古命（神武天皇）兄弟の本拠地は，この周辺域であったと考えられる。神日本磐余彦（神武天皇）兄弟は，この日向の地で育てられた。

　この一族の交易の範囲は，対馬島と壱岐の島を中心とした，韓半島と大陸，日本海交易，そして，瀬戸内海であった。

　神武天皇は，日向国吾田邑の吾平津媛を娶とって手研耳命が生まれた。

≪大城と大城神社≫－王城山から筑後への神武東征－

　福岡県太宰府市に王城神社がある。祭神は事代主神。末社に早馬神社がある。（図6.1 参照）

　王城神社縁起（江戸時代寛政年間）によれば，「神武天皇が四王寺山に城を築いた際に，山中に武甕槌命と事代主命を祀ったことに由来する」という。四王寺山の西側の大城である。

　王城神社は，白村江の戦（662）の後に水城の堤防が築かれた（664）後の665年に大野城築城に際して，現在の太宰府市通古賀の地に遷された

1　福岡県糸島市高祖にある高祖神社の祭神は彦火々出見命（山幸彦,鸕鷀草葺不合尊の父）を祀ることから「高祖」と名付けられたとする説が『九州軍記』にある。

とされる。

　この地域は，東の宝満山の西側から流れている三笠川と東南の宮地嶽西方を流れる宝満川・紫川と繋がる鷺田川との合流地点である。

図 6.1　大城山と大城神社

　また，この大城の地は，博多湾・玄界灘と有明海を結ぶ河川交易のための要衝の地であることがわかる。

　後に，宝満川と筑後川流域の地櫨原の宮（太刀洗町）に神武天皇が都を構えたと考えると神武天皇の最初の都が現在の大宰府の原点であることが地政学的に理解されるのではないだろうか。

≪津古と大崎≫

　当時，三笠川と鷺田川の交わるこの王城を拠点として大城の街が形成され，鷺田川の上流の紫川が宝満川と繋がっていたために有明海への交通が

可能であった。この河川の舟運を掌握していたのが神武天皇兄弟である。

博多湾から有明海に抜けるには，途中に，津古の港と古代有明海の河口にあった大崎（美咲：七夕神社がある）の港があった。

≪竈門神社と玉依姫≫

福岡県太宰府市宝満山の頂上に竈門神社がある。

神武天皇の母玉依姫は，この山頂から我が子等神武天皇兄弟の東征の成功を祈ったと伝えられる[2]。

後の時代，玉依姫命は，宝満山の頂に竈門神社の主祭神として祀られ，水分神（みくまりのかみ）となり，この地方一帯の水を支配されたという[3]。

第2節　宇佐の地名は久留米市北野

「筑紫の国の宇佐に着いた」。この宇佐とは筑後川の右岸域（北野）であり，小郡市大崎の南の位置にある。宇佐神宮の宇佐の地名は，欽明天皇以後の推古天皇・聖徳太子の時代から名付けられた地名である。

浪速湊（博多湾）から三笠川を遡上し宝満川に出て，宇佐（北野）に着くことができる。この宇佐の国造先祖で宇佐津彦と宇佐津姫という者に会った。このとき，宇佐津姫を侍臣の天種子命（あまのたね）に娶あわされた。すなわち，筑後川と巨瀬川が有明海に注ぐ河口域である北野地域の勢力を味方に引き入れることに成功したのである。これで，博多湾と有明海の支配領域とその交易利益を押さえることが可能となったのである。(図6.2参照)

2　太宰府天満宮の美田先生が「宝満山から手を振って神武天皇を見送られた」と説明されたことを思い出して，「神武東征なのに西に向かって手を振ったのでは無理がある」と考えた。しかし，大城神社から出発したのならば，理にかなうと今は考えている。

3　玉依姫は海神（わたつみ）の娘である。海神とは，水自体を表す神である。

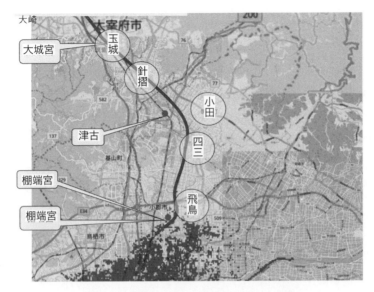

図6.2　鷺田川・紫川・宝満川と津古・大崎

天種子命は中臣氏の先祖である。天種子は，天児屋命の孫であり，中臣氏の遠祖である。神武天皇の東征に従軍し，筑紫の宇佐（北野町）で菟狭津媛と結婚したという。中臣氏（後の藤原氏）はこのとき宇佐地域（現久留米市一帯）を支配していたと考えられる。

現在久留米市内に櫛原という地名があるが，地名辞典によると，櫛原は明治時代までは「フシハラ」と書き「フジワラ（＝藤原)」と呼ばれていた。これは久留米の地は藤原の地であるという意味である。

第3節　神武東征の準備

≪瀬戸内海の旅≫

『古事記』では，筑紫国の岡田宮で1年過ごし，さらに阿岐国の多祁理宮で7年，吉備国の高島宮で8年過，都合16年間の滞在である。

　『日本書紀』においては，11月9日，筑紫国の岡水門<ruby>岡水門<rt>おかのみなと</rt></ruby>に至った。12月27日，安芸国に至り安芸国埃宮<ruby>埃宮<rt>えのみや</rt></ruby>に居る。翌年，3月6日，吉備国に入り，行宮（高島宮）をつくった。高島宮には3年間滞在して，舟を備え兵糧を蓄えた。高嶋は鉄器の産地（備前長船）として歴史的にも大事な地である。

　「舟を備え兵糧を蓄えた」とある。船と武器の調達期間を説明している。瀬戸内海交易の仲間の協力を仰ぎ武器の調達と兵糧の確保の期間である。

　特に，安芸の国の滞在目的は造船と食糧の確保である。そして，吉備の国の三年の間の滞在目的は船舶を揃え，鉄器（兵器）や糧食の蓄えであったと考えられる。すなわちも安芸の国と吉備の国に実質的には合計3年間滞在して船と武器（鉄器）と兵站を確保したのである。

　伊波礼琵古命一行は，有明海の出口北野の宇佐勢力を仲間に入れ，有明海の監視を天種子と宇佐津彦に任せ，彼らは，北部九州の岡水門と安芸国

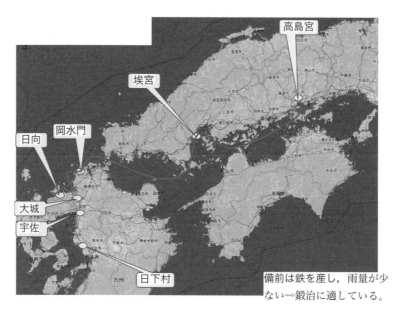

備前は鉄を産し，雨量が少ない→鍛冶に適している。

図6.3　東征の準備としての安芸国埃宮と吉備国高島宮に3年

埃宮に赴き，船を発注し，食料を確保して，吉備国の高島宮に滞在したのである。（図6.3参照）

この流れは，瀬戸内海の仲間たちを募り，交易の利権の確保と武器や兵站の準備を充実させたのである。

≪兵站（武器と食糧）が重要≫

神武東征の定説では，遠征の距離が長過ぎるのではないだろうか。兵站が伸びきると先の戦争の旧日本軍の「インパール作戦」のように敗北に終わるのである。

また，戦略においては，軍事担当者と兵站担当者の分担が必要である。

ここで，神武天皇の四兄弟の役割を考察してみよう。

『古事記』の記述においては，天津日高日子波限建鵜草葺不合命は，母の妹（叔母）で，育ての親の玉依姫と結婚して，四子を得た。五瀬命，稲飯命，御毛沼命[4]，そして，若御毛沼命（神倭伊波礼琵古命，神武天皇）である。

五瀬命は戦場で矢にあたってやがて戦死，稲飯命は母のいる海原へ行った（新羅の王となったという説がある），御毛沼命は常世へ渡り行方不明となった。若御毛沼命は神武天皇となった。とある。

『日本書紀』の記述では，彦波瀲武盧茲草葺不合尊は，姨の玉依姫を妃として以下の4柱の御子を生んでいる。彦五瀬命，稲飯命，三毛入野命，そして，神日本磐余彦尊である。（表6.1参照）

「彦波瀲武盧茲草葺不合尊は西洲の宮に崩りき。因りて日向の吾平山の上の陵に葬りまつる」とある。

---

4 御毛は三毛であり，「蝦夷」を現わす。この用語は神武東征の時代としては，時代的に不自然である。もっと後の時代の崇神天皇以降の時代の表現である。

表6.1　神武天皇の兄弟（『日本書記』）

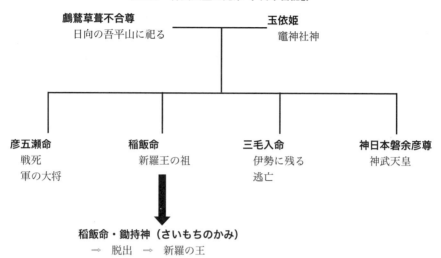

≪神武天皇四兄弟の役割≫

　神武天皇の四兄弟の役割を想像すると次のように考えることができる。

（図6.4参照）

　長男の彦五瀬命は，神武軍の将軍である。不幸にも戦争中に矢にあたって戦死している。その戦死の地は，弊立神宮の東の宮崎県北部の高千穂町の南の五ヶ瀬町であろうか？

　稲飯命は「母のいる海原へ行った」（とあるが，新羅の王となったとある）。もともと，半島交易の担当者であり，韓半島から兵站担当であったのであろう。

　三毛入野命は，「常世へ渡り」行方不明となったが逃亡したのではなく，もともと実在しなかった兄であろう。（なぜならば「三毛」という語は、この時代よりも後に出てくる言葉である。）

　この三人の神々は，吉備国安仁神社に祀られている。安仁とは兄の意味であり，神武天皇の兄たちを祀る神社とされている。

　そして，四男坊の神日本磐余彦尊は，瀬戸内海交易の兵站担当者であったのであろう。

　兄弟たちが戦死して，行方不明になって戦場を離れた後の軍勢の立て直しに貢献したのは，神武天皇の第1皇子手研耳尊であった。母は吾平津媛であり，異母弟に神八井耳命と神渟名川耳尊（第2代綏靖天皇）がいる。

図6.4　東征の兵站準備としての埃宮と高島宮

第4節　東征の開始

　春2月11日に，天皇の軍はついに難波（博多）から南に向った。有明海の出口である久留米市の北野の宇佐を通過して，一行が難波埼に着こうとするとき，「速い潮流があって大変速く着いた」。有明海の引き潮に乗って南下したのである。（図6.5参照）

　吉備を出て，1か月後の3月10日，川を遡って，河内国草香村（日下村）の青雲の白肩津に着いた。草香村は現玉名市の周辺域であり，この川は菊池川であるだろう。すなわち，玉名の南側，河内の北側からの進軍であろう。

　菊池川を遡上して瀬田（熊本市内）に向かったのである。ということは，熊本の白川河口域（海路口）は「難波国」とあるから，河口が干潟と入り江で上陸しにくかったのであろう。

　「夏四月丙申朔甲辰，皇師勒兵，歩趣龍田。而其路狹嶮，人不得並行，乃還更欲東蹂膽駒山而入中洲」（『日本書紀』神武紀）とある。

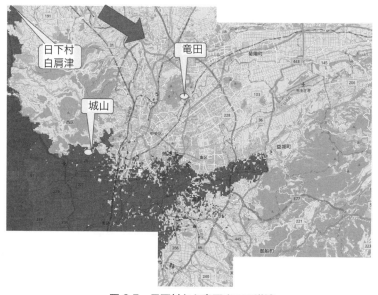

図6.5　日下村から竜田までの道途

　熊本の北西側の河内国から龍田（熊本市内）へと進むが，難路で進軍できずに，山道の進路を変更して生駒山（金峰山？）から中洲へと（白川沿いに）上陸しようとした。

　夏4月9日に，皇軍は兵を整え，歩いて竜田に向った。その道は狹く

険しくて，人が並んで行くことができなかった。そこで引き返して，さらに東の方，生駒山を越えて内つ国に入ろうとした。そのときに長髄彦がそれを聞き，「天神の子がやってくるわけは，きっと我が国を奪おうとするのだろう」と言って，全軍を率いて孔舎衛坂で戦った。(図6.6参照)

　流れ矢が当たって五瀬命の肘脛に流れ矢を受けて重傷を負ってしまった。天皇の軍は進むことができなかった。

　神武天皇は一度草香津まで兵を退かせて「日の神の子である自分に逆らうことは，天に逆らうことだ」と語り，雄叫びを持って士気を高めたと記されている。

　豪族長髄彦は阿蘇一帯と熊本平野を支配する勢力であり，この地は，邪馬台国の時代の投馬国である。竜田山から見ると東の阿蘇一帯に広がる大水田地域を擁する国である。

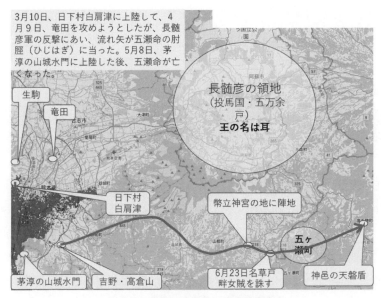

図6.6　東征と竜田山，吉野の高倉山

そこで軍中に告げた。「いったん止まれ。ここから進むな」と，そして軍兵を率いて帰られた。敵もあえてこれを追わなかった。

草香津に引き返すと，盾を立てて雄叫びをし，士気を鼓舞された。このことから，その津を盾津と呼ぶようになった。

上陸から2か月後の，5月8日，長髄彦軍に歯が立たない神武軍は，草香津から転進して，茅淳の山城水門に着いた。山城水門とは熊本市内の南側御船の吉野山の傍であるだろう。

その頃，五瀬命の矢傷がひどく痛んだ。そこで命は剣を撫でて雄叫びして，「残念だ。丈夫が賊に傷つけられたのに，それに報いないで死ぬことは」と言われた。当時の人は，その地を雄水門と名づけた。

第5節　日神の子孫

天皇はこれを憂えて，謀をめぐらされた。

「今回，私は日神の子孫であるのに，日に向って敵を討とうとしているのは，天道に逆らっている。そこで，一度撤退して相手を油断させ，天神地祇をお祀りし，背中に太陽を負って，日神の威光をかりて襲いかかるのがよいだろう。このようにすれば，刃に血を付けずとも，敵はきっと敗れるだろう」と言われた。皆は，「その通りです」と言った。

≪幣立神宮≫

熊本県上益城郡山都町大町に幣立神宮がある。日の宮幣立神宮と呼ばれている。神武東征の折，長髄彦軍に敗れた神武天皇一団が再起を期した場所である。幣立神宮の東南の岡に神武天皇出陣跡と言われている地が残っている。

進軍して紀国の竈山に行き，五瀬命は軍中に亡くなった。五瀬命は竈山に葬られた。

　山城水門から，長髄彦の領域（阿蘇一帯と大津・熊本市内）を南に迂回しながら，外輪山の南側を1か月半の行程の後の6月23日，名草邑に着いた。そこで名草戸畔という女賊を誅された。邪馬台国連合の小さな国の1つであっただろう。

≪神邑の天磐盾・天岩戸≫

　佐野を越えて，熊野の神邑に至り，天磐盾に登った。そうして軍を率いてさらに進んでいった。神邑とは，宮崎県高千穂の天野岩戸であろうか。

≪稲飯命の東征離脱≫

　伊波礼琵古命一行は，熊野の神邑に至り，天磐盾に登った後，伊勢の高千穂を越えて大野川を下り豊前の海に出た。臼杵港か佐伯港である。

　「海を渡ろうとするとき，急に暴風に遇った。船は波に奔弄されて進まない」。普段でも波の高い豊予海峡である。

　稲飯命が嘆いて，「ああ，我が先祖は天つ神，母は海神であるのに，どうして我を陸に苦しめ，また海に苦しめるのか」と言い終って剣を抜き，海に入り，鋤持神となられた。この季節，当時の旧暦6月（7月）であり台風シーズンである。稲飯命はその後韓半島に渡り新羅の祖となったという説がある。

　伊波礼琵古命の一行は，豊予海峡を越えると別府湾である。別府湾沿岸域の勢力を支配下に置いたという意味であろう。別府湾に到達すると瀬戸内海勢力との協力関係が確保できる。すなわち，兵站の補給が可能となったのである。（図6.7参照）

≪三毛入野命の東征離脱≫

　三毛入野命もまた恨んで言われた。「我が母と姨は二人とも海神である。

それなのに，どうして波を立てて我らを溺れさすのか」と波頭を踏んで常世国にお出でになった。行方不明になったのか敵前逃亡である。しかし，それ以上に三毛入野命は実在しないというのが私の推論である。

　宮崎県高千穂町の伝承では，三毛入野命は兄弟達からはぐれて，高千穂に行った。高千穂には「鬼八（きはち）」という悪神がいて，人々を苦しめていたので，三毛入野命はこれを退治し高千穂の地を治めたと伝えている。三毛入野命は高千穂神社の祭神であり，その妻子神とあわせて「十社大明神」（9世紀半ばころから使われるようになった）と称されている。

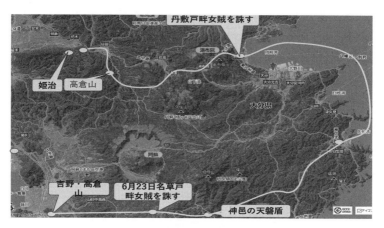

図 6.7　吉野高倉山から神邑の天磐盾

第6節　天照大神の援助「霊剣と八咫烏」

　伊波礼琵古命は皇子の手研耳命（たぎしみみ）と軍を率いて進み，熊野の荒坂の津に着いた。進軍の中心は手研耳命になったのであろう。途中で，丹敷戸畔（たきしべ）という女賊を誅した。そのとき，神が毒気を吐いて人々を弱らせた。このため皇軍はまた振わなかった。

　熊野の高倉下の夢に，天照大神が武甕雷神に語って，「葦原中国は，まだ乱れ騒がしい。お前が往って平げなさい」というものだった。武甕雷神は，「私が行かなくても，私が国を平定したときの剣を差向けたら，国は自ら安定するでしょう」と言われた。天照大神は，「もっともだ」と答える。

　天照大神は高倉下に霊剣・布都御魂を授けた。高倉下は霊剣を受け取り，神武天皇へと献上したところ，毒気を浴びて倒れていた軍勢が一気に元気を取り戻し再び進軍した。吉備の国から剣が兵站として送られてきたという意味であろう。

　活力を回復した神武の軍勢の前に立ちはだかる険しい山道に，天照大神は八咫烏を遣わせた。

　天照大神の使者である八咫烏の案内により，伊波礼琵古命らは菟田へと辿り着き，その地を納めていた兄猾と弟猾を呼んだ。

　伊波礼琵古命の呼びかけに応じて参上したのは弟猾のみであった。弟猾は，「兄猾が伊波礼琵古命を暗殺しようと目論んでいることを報告した」。

　この戦いでは先頭に立つのは，八咫烏である。八咫烏を祀るのは賀茂神社である。うきは市には日本最古の加茂神社がある。

　加茂神社の行直大宮司が慶安4年（1651）に誌した旧記には，「賀茂大神は最初にこの地に天降り鎮座され，神武天皇が日向から大和へ御東遷のみぎり，宇佐（北野）から山北へ来られ賀茂大神は八咫烏となって御東幸を助け奉られたので，今も神武天皇と賀茂大神を奉祀する」とある。

　この後の闘いの様子は，本書の第4章での説明のとおりである。

第7節　長髄彦と金鵄-投馬国征伐

　うきは市での邪馬台国以後の勢力との戦いの1か月後の12月4日，皇軍はついに長髄彦を討つことになった。

《鵄》
とび

　伊波礼琵古命が優勢ながらもなかなか勝てずにいた頃，雲が天を覆い雹が降り，鵄がどこからともなく飛んできて，伊波礼琵古命の弓先に止まると，稲光のような金色に輝き，長髄彦率いる軍勢は眩惑されて力を発揮できずに混乱が生じる。

　長髄彦は使者を送って，天皇に言上し，「昔，天神の御子が，天磐船に乗って天降られました。櫛玉饒速日命といいます。この人が我が妹の三炊屋媛を娶とって子ができました。名を可美真手命といいます。私は，饒速日命を君として仕えています。天つ神の子は二人おられるのですか？　どうして，天つ神の子と名乗って，人の土地を奪おうとするのですか。それは偽者でしょう」と問うた。

　伊波礼琵古命は「天つ神の子は多くいる。お前が君とする人が，本当に天つ神の子ならば，必ず表があるだろう。それを示しなさい」と答えた。長髄彦は，饒速日命の天羽羽矢と歩靫を示した。

　これを見て，「偽りではない」と言って，帰って所持の天羽羽矢一本と，歩靫を長髄彦に示した。長髄彦はその天つ神の表を見て，ますます恐れ畏まった。けれども，兵器の用意はすっかり構えられ，中途で止めることは難しい。そして，間違った考えを捨てず，改心の気持ちがなかった。

　饒速日命は，天つ神たちが深く心配されているのは，天孫のことだけであることを知っていた。長髄彦は饒速日命により殺害され，饒速日命はその部下達を率いて帰順した。

　神武天皇は饒速日命が天から下ってきたということが分かり，今ここに忠誠を尽くしたので，これを褒めて寵愛した。これが物部氏の先祖である。

　その翌年，激しい抵抗を続けていた新城戸畔，居勢祝（後のうきはの巨瀬氏であろう），猪祝も神武天皇に討ち取られ，高尾張邑では，小さな体と長い手足の土蜘蛛を罠で捉えて討ち取る。その時に使われた罠が「葛網」と

いうので，この土地は葛城（佐賀県みやき町に葛城神社がある）と呼ばれるよう
になった。

むすびにかえて

　卑弥呼や壱與（台与）の亡き後の邪馬台国連合は箍が外れたように個々
独立の国として分裂した状態であった。伊波礼琵古命（神武天皇）は，こ
の邪馬台国連合の経済的要である河川交易を支配して，その中心地である
邪馬台国を攻める前に，玄海灘と瀬戸内海勢力の中心である安芸勢力と吉
備勢力を味方にして，韓半島交易と瀬戸内海交易・日本海交易における利
益を確保して募兵と兵站の確保によって武力を充実させたのである。

　次に，伊波礼琵古命（神武天皇）は，玄海灘から有明海へ出る河川交易
の重要拠点であった宇佐（久留米）を押さえ，有明海を押さえて，かつて
の邪馬台国連合の投馬国である長髄彦の領域（阿蘇一帯と大津・熊本市内・菊池
川周辺）の征伐を目指した。

　しかし，長髄彦の勢力は巨大であり，初戦で五瀬皇子を失った神武は，
長髄彦との最終決戦を避けて，肥後を西から東に横断して，逆らう小国を
平定しながら，本来の目標である邪馬台国の中心部を先に攻めることにし
た。邪馬台国の中心部の後継者の八十梟帥達や梟雄兄磯城等を滅ぼして旧
邪馬台国の支配地を得た。

　その後，伊波礼琵古命（神武天皇）は改めて，長髄彦の勢力に挑み，饒
速日命の協力を得て長髄彦勢力を滅ぼして熊本一帯の地を従えたのであ
る。

　この邪馬台国連合征伐の物語が，「神武東征の真相」である。

≪東征後の神武天皇とその妻子達≫

東征以前に，日向国吾田邑の吾平津媛を娶り，子に手研耳命がいた。

伊波礼琵古命（神武天皇）には，東征の完了後に事代主神の娘媛蹈鞴五十鈴媛命を娶り皇后とした。「蹈鞴」とは，砂鉄精錬炉である。事代主神は砂鉄から造られる鉄器の製造者であり，管理者であったのである[5]。

二人の間には，神八井耳命（神八井命）と神渟名川耳尊（渟名川耳尊，神渟名川尊）の二皇子が生まれた。神渟名川耳尊（綏靖天皇）は手研耳命を誅殺して，皇位を継承した。

事代主神とは，大己貴神の子で，「国譲り神話」に登場する神である。

神とは神日本磐余彦尊が滅ぼした国（邪馬台国）の支配者あるいは支配者たちが祀っていた神であるだろう。神日本磐余彦尊が最初に作った都大城神社とその北方の大城山に祀られる神は事代主神である。

事代主神は大国主神の国譲りの際に登場する。大国主神の子である。

「建御雷神らが大国主神に国譲りを迫ると，大国主は美保ヶ崎で漁をしている息子の事代主神が答えると言った。そこで建御雷神が美保ヶ崎へ行き国譲りを迫ると，事代主神は「承知した」と答え，船を踏み傾け，天ノ逆手を打って青柴垣に変えて，その中に隠れてしまった」神である。弟建御名方神も激しい闘いの後，建御雷神に服従する。

抵抗した弟建御名方神も激しい闘いの後，建御雷神に服従すると，大国主神は国譲りを承諾し，「事代主神が先頭に立てば私の180人の子供たちも事代主神に従って天津神に背かないだろうと言った」という国譲りの代表者である。

神日本磐余彦尊の邪馬台国連合の討伐と再編という事業において神武の勝利に最大限貢献した建御雷神（武力抗争の象徴としての神）に対抗した邪馬

5　蹈鞴とは，鉄器の製造者，管理者，邪馬台国連合の軍事の責任者。シャーマン的な立場も兼ね備えていた。

台国連合側の軍事的代表者が事代主であったのであろう。そして，彼等が祀る神が国つ神の象徴としての大国主神である。

　神日本磐余彦尊は，この事代主の娘媛蹈韛五十鈴媛命を娶り正妃とすることによって，邪馬台国連合の人々を従える 180 人（大国主命の支配領域の責任者たちの数）の神となったのである[6]。

6　この 180 人の子；卑弥呼や臺与の周辺で邪馬台国連合の王たちの血統が邪馬台国連合諸国を支配していたことが説明される。

執筆者紹介（執筆順）

松下　愛（まつした　あい）：第1章執筆
　　長崎県立大学地域創造学部講師

福島雅彦（ふくしま　まさひこ）：第2章・第3章執筆
　　古代史研究家・一級建築士

大矢野栄次（おおやの　えいじ）：第4章・第5章・第6章執筆
　　久留米大学経済学部名誉教授

邪馬台国・うきは市説考察
——うきは市の古代史——

2023 年 9 月 30 日　　初版発行

著　者：松下愛・福島雅彦・大矢野栄次
発行者：長谷 雅春
発行所：株式会社五絃舎
　　　　〒 173-0025　東京都板橋区熊野町 46-7-402
　　　　Tel & Fax：03-3957-5587
　　　　e-mail：gogensya@db3.so-net.ne.jp
組　版：Office Five Strings
印　刷：モリモト印刷
ISBN978-4-86434-176-9
Printed in Japan　ⓒ 2023